Borderline-Erkrankungen

W0171819

Beiträge zur Ausgestaltung einer anthroposophischen Psychotherapie

Herausgegeben von der Medizinischen Sektion am Goetheanum, Dornach durch das Institut für anthroposophisch orientierte Psychotherapie, Fachgruppe der Gesellschaft anthroposophischer Ärzte in Deutschland e.V. Friedrich-Husemann-Klinik, 79255 Buchenbach, Dr. med Dieter Beck

Dieter Beck / Henriette Dekkers /
Ursula Langerhorst

BORDERLINE-
ERKRANKUNGEN

VERLAG FREIES GEISTESLEBEN

ISBN 3-7725-1747-1

3., durchgesehene u. verbesserte Auflage 2001
Verlag Freies Geistesleben
Landhausstraße 82, 70190 Stuttgart
Internet: www.geistesleben.com
© 1998 Verlag Freies Geistesleben & Urachhaus GmbH, Stuttgart
Einband: Pellicci Kommunikation, Stuttgart
Druck: Offizin Chr. Scheufele, Stuttgart

Geleitwort

Im Februar 1979 wurde das Institut für anthroposophisch orientierte Psychotherapie in Stuttgart von einer Gruppe von Psychotherapeuten begründet. Seither werden von diesem Institut Beiträge und Arbeitsnotizen zum Ausbau einer anthroposophisch orientierten Psychotherapie herausgegeben. Grundlage für diese Arbeit sind regelmäßige Arbeitszusammenkünfte und Tagungen, wie sie in der Filderklinik in Stuttgart, im Rahmen der psychiatrischen Hochschulwochen am Goetheanum und zuletzt regelmäßig zweimal jährlich an der Friedrich-Husemann-Klinik bei Freiburg stattgefunden haben und dort auch unter der Leitung des Psychiaters Dr. med. Dieter Beck weitergeführt werden.

Anliegen der Anthroposophie ist es – insbesondere im Bereich der Medizin – aufzuzeigen, daß geistige, seelische und somatische Prozesse nur in ihrer gegenseitigen Beziehung verstanden werden können. Entsprechend hat auch Rudolf Steiner stets energisch darauf hingewiesen, die Ursache seelischer Erkrankungen primär nicht im Seelischen, sondern in der körperlichen Konstitution zu suchen und die Behandlung dementsprechend durchzuführen. Daher spielt auch die Heileurythmie in der Behandlung psychischer Krankheiten eine so wesentliche Rolle. Denn hier wird angestrebt, durch das Üben bestimmter Bewegungsformen auf die körperlichen Aufbau- und Abbauvorgänge unmittelbar regulierend einzuwirken.

Mit dem jetzt vorliegenden Buch zum Borderline-Syndrom ist ein Thema aufgegriffen worden, das über die Fachkreise der psychotherapeutisch tätigen Psychologen und Psychiater hinaus insbesondere für

Lehrer, Heilpädagogen und Kinderärzte von großem Interesse sein dürfte.

Die 1967 von Kernberg erstmals umfassend beschriebene Erkrankung zeigt das Bild einer Persönlichkeitsstörung, die weltweit in Zunahme begriffen ist und mit der folglich immer mehr Menschen täglich in Berührung kommen. Die Autoren haben sich viele Jahre hindurch mit dieser Problematik auseinandergesetzt und zeigen auf, daß es sich hierbei um eine komplexe Inkarnationsstörung handelt, die insbesondere die drei fundamentalen Entwicklungsschritte des Gehen-, Sprechen- und Denkenlernens in der frühen Kindheit betrifft. Aus diesem Ansatz entwickeln sie nicht nur ein äußerst einfühlsames und verständnisvolles therapeutisches Konzept für die Behandlung der Borderline-Störung, sondern sie zeigen auch Wege auf, wie der Entwicklung dieser Störung weitestmöglich vorgebeugt werden kann.

«Grenzgänger zwischen Himmel und Erde», so nennt Henriette Dekkers in ihrem Beitrag die Borderline-Persönlichkeit. Sind wir Menschen dies aber nicht alle? Wie schwer ist es heute, ein klares Bewußtsein von der eigenen Einwurzelung «im Himmel», das heißt in der geistigen Heimat der vorgeburtlichen beziehungsweise nachtodlichen Welt menschlicher Existenz zu erlangen und für die Lebensführung und Lebensgestaltung fruchtbar zu machen. Und wie schwer ist es andererseits auch, die gegenwärtige Welt anzunehmen mit all ihren unbewältigten Problemen, ihren Zukunftssorgen, ihrer Existenzangst und der zunehmenden Schwierigkeit, tragfähige und vertrauensvolle menschliche Beziehungen aufzubauen – ja in ihr heimisch zu werden. – Menschen, die mit der Borderline-Problematik zu kämpfen haben, tragen dazu bei, das Bewußtsein zu schärfen für die Störanfälligkeit und Verwundbarkeit menschlicher Entwicklung und Existenz. Die in diesem Buch dargestellten diagnostischen und therapeutischen Gesichtspunkte zeigen, in welche Richtung eine auf den menschlichen Persönlichkeitskern, das Ich, hin orientierte Erziehung und Therapie heute gehen muß, wenn einer weiteren Zunahme dieser Störungen wirksam begegnet werden soll.

Es sei das Erscheinen dieser Schrift – nach mehrjähriger Publikationspause – zum Anlaß genommen, den Initiatoren des Instituts für anthroposophisch-orientierte Psychotherapie im Namen der Medizinischen Sektion am Goetheanum für ihre nunmehr 19jährige intensive Arbeit zu danken. Möge insbesondere dieser Band über die Borderline-Störung weite Verbreitung finden und zeigen, was die anthroposophisch orientierte Psychotherapie zur Bewältigung von Entwicklungskrisen und -störungen beitragen kann.

Medizinische Sektion am Goetheanum in Dornach / Schweiz
Michaela Glöckler

Inhalt

9

Vorwort

Der vorliegende Band ist der erste einer geplanten losen Folge, mit der die 1979 von Paul von der Heide begründete Schriftenreihe «Beiträge zur Ausgestaltung einer anthroposophisch orientierten Psychotherapie» wieder aufleben soll. Wie früher ist die Reihe Organ des Instituts für anthroposophisch orientierte Psychotherapie.

Leider erschienen damals nur zwei Bände, die inzwischen längst vergriffen sind. Es ist vorgesehen, die wesentlichen Aufsätze aus diesen alten Bänden in der nun beginnenden neuen Reihe nachzudrucken.

Arbeitsanliegen der Mitglieder des Instituts ist es, auf dem Boden der Medizinischen Sektion der Freien Hochschule für Geisteswissenschaft am Goetheanum eine im Menschen- und Weltbild der Anthroposophie begründete, in der Praxis geprüfte und bewährte Psychotherapie zu entwickeln und in die Öffentlichkeit zu bringen. Wir sind uns dabei der Problematik des Begriffes Psychotherapie bewußt, wollen aber nicht durch eine eigene Bezeichnung die Zugehörigkeit zu einer Berufsgruppe undeutlich machen.

Anliegen einer solchen «Psychotherapie» ist es, vor dem Hintergrund der Zeit-Pathologie und aus der Anthroposophie heraus ganzheitliche, das heißt leiblich-seelisch-geistige Wege der Heilung zu suchen für Menschen, deren Schicksal, deren spezielle Krankheit fachliche Hilfe erfordert, die über Lebens- und Krisenberatung, über somatisch-medizinische Behandlung und Seelsorge hinausgeht.

Das Institut hat seit 1980 regelmäßig zweimal jährlich stattfindende Tagungen für psychotherapeutisch tätige Ärzte und klinische Psychologen veranstaltet, anfangs in der Filderklinik, seit 1988 in der Friedrich-Husemann-Klinik, insgesamt bisher 35 Tagungen.

11

Von Mitgliedern des Initiativkreises des Instituts wurde in Zusammenarbeit mit anderen Psychotherapeuten eine dreijährige Ausbildung zum anthroposophischen Psychotherapeuten begründet. Der erste Ausbildungskurs läuft seit Ostern 1997; er findet zum Teil im Gemeinschaftskrankenhaus Herdecke, zum Teil in der Friedrich-Husemann-Klinik Buchenbach, statt.

Mit dem vorliegenden Band über Borderline-Störungen sei ein Versuch vorgelegt, aus anthroposophischer Menschenerkenntnis Verständnis für eine der bedeutenden Erkrankungen unserer Zeit – des letzten Drittels dieses Jahrhunderts und, so muß man annehmen, des nächsten Jahrhunderts – zu gewinnen, in einer solchen Art zu gewinnen, daß sich daraus spezifische, individuell anwendbare therapeutische Ansätze ergeben.

Die Borderline-Erkrankung läßt sich charakterisieren durch eine tiefe Identitäts- und Orientierungsstörung – man weiß nicht, wer man ist und was man im Leben will; oft ist das verbunden mit einer Selbstmordgefährdung oder zumindest mit häufigen Selbstmordgedanken –, durch eine Sprödigkeit oder Brüchigkeit der Persönlichkeitsstruktur, der Organisation der Seele, des inneren Halts, verbunden mit allzu geringer seelischer Belastbarkeit. Dazu kommt ein mangelhaftes seelisches Gleichgewicht, eine Unausgeglichenheit der Stimmungen, eine Zerrissenheit des Gefühlslebens überhaupt, eine ungeführte Impulsivität, oft als elementare Wut, ein Grundgefühl der Leere und Langeweile. Die menschlichen Beziehungen sind oft heftig, unbeständig; andere Menschen erscheinen entweder vollkommen gut oder total böse, sie werden idealisiert oder abgewertet. Zwischentöne fehlen. Man ist in Konflikten aneinander gefesselt; man möchte auseinander und kann nicht, man möchte zusammensein und kann es nicht. Eine tiefe Angst vor Einsamkeit ist untergründig immer in der Seele anwesend, prägt alle Partnerschaften und Freundschaften. Oft findet sich, wie über diesen elementaren Gefühlen schwebend, eine feinsinnige Sehnsucht nach dem Schönen und Idealen, die sich an der Wirklichkeit wund reibt und doch auch die Wirklichkeit ertragen hilft.

Der Verfasser möchte in seinem Aufsatz zeigen, daß diese Erkrankung in einer grundlegenden Störung der Inkarnation der Individualität besteht, einer Störung der Entwicklung der menschlichen Grundfähigkeiten des Gehens, Sprechens und Denkens. Es handelt sich somit um eine ganz neue Art von Krankheiten – zu der möglicherweise auch andere «moderne» Krankheiten gehören, z. B. der Autismus –, die nicht durch den Erbstrom und nicht durch Belastung des leibbildenden Geistkeims bedingt sind, sondern durch ein unsicheres Ergreifen des Leibes durch die Individualität selbst, eine Art von Krankheit, die nicht primär naturhaft verläuft, sondern wesentlich mitbestimmt ist durch die menschliche Umgebung.

Ursula Langerhorst sucht in ihrem Beitrag die Symptome des gestörten Gehens und Sprechens in der eurythmischen Bewegung auf und skizziert ein heileurythmisches Therapiekonzept.

Henriette Dekkers beschreibt die Psychodynamik, wie sie sich vor allem nach der Ich-Geburt im beginnenden Erwachsenenalter zeigt, schildert die Sehnsüchte, das Ringen, die Ängste, den Bruch zwischen der Individualität und ihren Hüllen, die zu schwach ausgebildete Ich-Mitte im Seelenleben, die Fremdbestimmtheit. Sie weist auf die Selbstheilungsversuche hin, die zu Konflikten führen und somit als Krankheitssymptome in Erscheinung treten. Und sie spürt in den Erinnerungen der Patienten die chronische emotionale Überlastung in der Kindheits- und Jugendentwicklung durch die ersten drei Lebensjahrsiebte auf.

Die Reihe wendet sich nicht nur an Psychotherapeuten in engerem Sinne, sondern an alle Ärzte und Psychologen, aber auch an Heileurythmisten, Kunsttherapeuten, Sozialtherapeuten; auch für betroffene Laien mag sie in manchem erhellend und hilfreich sein. Das Verständnis der vorgelegten Aufsätze setzt eine gewisse Vertrautheit mit der anthroposophischen Erkenntnis des Menschen und der Welt voraus. Ohne diese ist ein sachgerechtes Urteil nicht möglich.

Dieter Beck

Dieter Beck

Die Entwicklung von Gehen, Sprechen und Denken und die Entstehung von Borderline-Störungen

Die sogenannten Borderline-Störungen beschäftigen seit der Mitte dieses Jahrhunderts, besonders aber seit Kernbergs bahnbrechenden Arbeiten ab 1967, die dem Problem Kontur gegeben haben, in zunehmendem Maße zunächst die psychoanalytische Praxis und Theorie, dann auch die allgemeine Psychiatrie. Sie stellen uns heute als ein modernes Menschheitsproblem in weitem Umfang bis in die allgemeinärztliche und psychologische Praxis hinein vor schwierigste therapeutische Aufgaben.

Im vorliegenden Aufsatz soll versucht werden, aus anthroposophischer Menschenkunde eine Verständnismöglichkeit für diese Erkrankungen zu erschließen in einer solchen Art, daß sich daraus ein umfassenderer Blick auf die sogenannten Frühstörungen bilden kann und sich zugleich auch eine Erweiterung des Therapiespektrums – jenseits der neueren psychoanalytischen Entwicklungen und der psychopharmakologischen Therapieversuche – ergibt, eine Erweiterung der gesprächstherapeutischen, der heileurythmischen und kunsttherapeutischen und auch der medikamentösen Möglichkeiten.

Dieser Versuch gründet auf Rudolf Steiners Erkenntnis, daß im Erwerb von Gehen, Sprechen und Denken, diesen den Menschen vom Tier unterscheidenden Fähigkeiten, die grundlegenden Entwicklungsschritte der ersten drei Lebensjahre gemacht werden. Der Versuch, in diese – anscheinend neue – Richtung zu gehen, hat sich aus der Erfahrung und Einsicht ergeben, daß der organpsychologische Zugang, der sich bei den Psychosen und den «klassischen» Neurosen als wertvoll erweist, bei der Krankheitsgruppe der soge-

14

nannten neurotischen Frühstörungen nur vordergründige Hilfe ermöglicht.

Die Borderline-Störung

Die Borderline-Störung wird heute aufgrund psychodynamischer Beurteilung auf dem Boden der neueren Psychoanalyse weitgehend als eigenständige Erkrankung gesehen, basierend auf einer spezifischen Ich-Störung (Ich im Sinne der Psychoanalyse), die sich in der Unfähigkeit zur Verdrängung und in unreifen Abwehrmechanismen wie Spaltung und verwandten Mechanismen zeigt, bildlich gesprochen in Verleugnungsstrategien und in einer inadäquaten Schwarzweißmalerei. Phänomenologisch wird die Borderline-Erkrankung als recht variable Symptomgruppierung beschrieben – mit beträchtlicher Randunschärfe vor allem zur schizotypischen, aber auch zur narzißtischen und zur histrionischen Persönlichkeitsstörung hin. Häufig benutzt werden die deskriptiven diagnostischen Kriterien des DSM*, die ziemlich streng sind und nur eine Kerngruppe der Erkrankten einschließen bzw. manchen Patienten, der unter Ich-strukturellen Gesichtspunkten eindeutig eine Borderline-Störung hat, von dieser Diagnose ausschließen. Des weiteren verwendet werden das halbstandardisierte Interview DIB von J. G. Gundersohn und J. E. Kolb (1978) und andere Kataloge mit Fragen, die darauf abzielen, die Störung in Erscheinung treten zu lassen. Bemerkenswert ist, daß Borderline-Patienten im strukturierten Interview, z.B. im HAWIE, oft wenig auffällig sind, während in unstrukturierten psychologischen Testsituationen (z.B. TAT, Rorschach-Test) die Beeinträchtigungen des formalen und inhaltlichen Denkens, des sprachlichen Ausdrucks und der affektiven Verarbeitung oft rasch offen hervortreten (Singer 1977; Singer und Larsson 1981; Berg 1982).

* DSM – Diagnostisch-statistisches Manual, z. Zt. in 4. Auflage: DSM IV (s. Literaturverzeichnis)

Besonders erwähnt sei das teils deskriptiv, teils strukturell angelegte Interview für Borderline-Patienten von Kernberg (1977, 1981), das die Diagnose auf drei Kriterien gründet: Identitätsdiffusion, Niveau der Abwehroperationen (Spaltung und damit zusammenhängende Mechanismen wie primitive Idealisierung, projektive Identifikation, Verleugnung, omnipotente Kontrolle, Entwertung) und schließlich – zur Abgrenzung von den Psychosen – die Fähigkeit zur Realitätsprüfung.

Die Bezeichnung «Borderline» bezieht sich ursprünglich darauf, daß diese Störungen sich weder den Neurosen noch den Psychosen zuordnen lassen; das Borderline-Syndrom zeigt Symptome aus beiden Krankheitsbereichen und auch aus dem Gebiet der schweren Persönlichkeitsstörungen, ist aber von jeder dieser drei Krankheitsgruppen im Prinzip auch abgrenzbar.

Die Erkrankung zeigt sich als Persönlichkeitsstörung mit bleibenden Strukturmerkmalen und als episodische, in Konfliktsituationen auftretende und in der Regel nach Stunden bis Tagen spontane remittierende Dekompensation bis hin zu psychotischen Ausmaßen (paranoide oder dissoziative Symptome, auch Halluzinationen, Verzerrungen des Körperbilds usw.). Die neurotisch erscheinenden Symptome sind – im Gegensatz zur «klassischen Neurose» – polymorph, fluktuierend, mit dem einprägsamen Wort Schmidebergs (1959) «stabil instabil».

Nach DSM IV ist eine Borderline-Störung zu diagnostizieren, wenn als andauernde Persönlichkeitszüge mindestens fünf der folgenden neun Kriterien erfüllt sind (im Hinblick auf das Spätere werden die neun Kriterien hier in einer gegenüber DSM IV geänderten Reihenfolge gegeben):

- Identitätsstörung: ausgeprägte und andauernde Instabilität des Selbstbildes oder der Selbstwahrnehmung
- Impulsivität in mindestens zwei potentiell selbstschädigenden Bereichen (Geldausgeben, Sexualität, Substanzmißbrauch, rücksichtsloses Fahren, Freßanfälle), ausgenommen suizidale oder selbstverletzende Handlungen

16

- Wiederholte suizidale Handlungen, Selbstmordandeutungen oder -drohungen oder Selbstverletzungsverhalten
- Unangemessen heftige Wut oder Schwierigkeiten, die Wut zu kontrollieren (z.b. heftige Wutausbrüche, wiederholte körperliche Auseinandersetzungen), andauernde Wut
- Vorübergehende, durch Belastungen ausgelöste paranoide Vorstellungen oder schwere dissoziative Symptome
- Chronisches Gefühl der Leere oder Langeweile
- Affektive Instabilität infolge einer ausgeprägten Reaktivität der Stimmung (z.b. hochgradige episodische Dysphorie, Reizbarkeit oder Angst), wobei diese Verstimmungen gewöhnlich einige Stunden oder nur selten mehr als einige Tage andauern
- Ein Muster instabiler, aber intensiver zwischenmenschlicher Beziehungen, das durch einen Wechsel zwischen den Extremen der Idealisierung und Entwertung gekennzeichnet ist
- Verzweifeltes Bemühen, ein tatsächliches oder vermutetes Verlassenwerden zu verhindern

Schwerpunktmäßig gruppieren sich die ersten fünf Kriterien um die Störung der Identität, des Mit-sich-selbst-ins-reine-kommen-Könnens und des Wissens, was man will; dazu gehören das chronische Depersonalisationserleben und die wiederholten akuten, in der Regel wenig angstgetönten Depersonalisationserlebnisse (panikartige Angst im Zusammenhang mit Depersonalisation weist oft auf eine bevorstehende psychotische Dekompensation hin), weiter die dissoziativen Reaktionen aller Art (hysterische Dämmerzustände, Fugue-Zustände, Amnesien mit Bewußtseinsstörungen, möglicherweise auch die sogenannte multiple Persönlichkeit).

Die drei letzten Kriterien gruppieren sich um die fehlende Zentrierung im Gefühlsbereich; dazu gehören die chronische frei flottierende Angst sowie die Depression, die oft ohne Schuldgefühle ist und sich in ohnmächtiger Wut abwechselnd gegen andere und gegen die eigene Person entlädt. Das Kriterium des chronischen Leeregefühls bildet einen Übergang zwischen beiden Gruppierungen.

Bei den neun Kriterien sind Denkstörungen – abgesehen vom Symptom der paranoiden Vorstellungen – nicht eigens beschrieben. Indessen sind borderline-typische Wahrnehmungs- und Denkstörungen nicht ganz unbekannt; sie erscheinen oft dezent und oft im Konfliktbereich beschränkt: selektive Wahrnehmung; pseudohalluzinatorische Erlebnisse bevorzugt visueller Natur, Dysmorphopsien, Veränderungen im Körperempfinden, z.T. als nicht zugehörig erlebte Glieder oder als Fremderleben des ganzen Körpers (beides provoziert und erleichtert selbstschädigende Handlungen); auch multiple leibbezogene Befürchtungen und hypochondrische Zustände, bizarre Konversionssymptome. Des weiteren sind fabulierendes, kombinatorisches und konfabulatorisches Denken beschrieben, Verbindung getrennter Begriffe aufgrund ihrer räumlichen oder zeitlichen Nähe anstelle einer logischen Zuordnung, eine oft schwer nachvollziehbare affektive Überfrachtung von Vorstellungen bis hin zu isolierten, oft Ich-dystonen Wahnbildungen, einer Art Privatlogik.

Gehen, sprechen, denken

Was hat das alles mit der Entwicklung des Gehens, Sprechens und Denkens zu tun? Um den Zusammenhang zu erkennen, sind zwei Schritte nötig:
– Ein erweitertes Verständnis dieser drei Fähigkeiten des Gehens, Sprechens und Denkens, nicht nur als nach außen – als Bein-vor-Bein-Setzen, als in der Luft erklingende mehr oder weniger sinnvolle Lautfolge, als aussprechbare Gedankenfolge – in Erscheinung tretende Fähigkeiten, sondern als im ganzen geistig-seelisch-leiblichen Zusammenhang des Menschen wirksame Kräftekonfigurationen. In die Betrachtung einbezogen werden muß alles, was von der Aufrichtung abhängig ist und ohne diese sich nicht oder anders entwickeln würde; entsprechend bei der Sprache und dem gehirngebundenen Denken

– Ein Lenken des Blicks auf die vorgeburtliche geistige Herkunft dieser Kräfte und deren Verwandlung ins leibliche Erdenleben hinein, auf ihre Inkarnation

Dieser zweite Schritt ist nicht ohne weiteres nachvollziehbar. Doch haben sich diese von Rudolf Steiner in ganz anderen Zusammenhängen vorgetragenen geisteswissenschaftlichen Forschungsergebnisse in der Praxis als fruchtbar für Diagnose und Therapie der Frühstörungen erwiesen, indem sich Zusammenhänge zwischen Leiblichem und Seelisch-Geistigem aufzeigen lassen, die auch ein entsprechendes ganzheitliches Therapiespektrum erschließen.

Gehen, Sprechen, Denken – das sind Abbreviaturen, verkürzte Ausdrücke für etwas sehr viel Umfassenderes. Im Gehenlernen liegt unendlich viel mehr als nur der Übergang vom Kriechen zur Aufrichtung und zum Schritte-Machen, viel mehr als nur die Streckung und Senkrechtstellung der Körperachse und die Pendelbewegung der Beine. Der ganze Organismus wird für den aufrechten Gang neu gestaltet; besonders sichtbar wird das an den Beinen, ihrer Knochenstruktur, an der Wirbelsäule mit ihrer Schwingung, an der Haltung des Kopfes. Doch sind noch viele andere Bereiche in das Gehenlernen einbezogen. Der ganze Organismus mit all seinen Bewegungsmöglichkeiten wird in den dreidimensionalen Raum eingeordnet, zu welchem damit auch geistig-seelisch Beziehung aufgenommen wird. Es entstehen in umfassendem leiblich-seelisch-geistigem Sinne Orientierung und orientierte Beziehung. Es findet eine gewaltige Differenzierung in Arme und Beine statt. Die Füße werden fester auf die Erde gestellt und bis in die physische Gestaltung hinein dem angepaßt. Arme und Hände werden frei, emanzipieren sich von der Bindung an die Erde ebenfalls bis in ihre Formung und ihre Bewegungsmöglichkeiten hinein, sie stehen vermehrt dem Seelischen zur Verfügung.

Musikalisch gesprochen: Die Beine entwickeln eine rhythmisch-taktmäßige Bewegungsform, in der sich der Mensch mit seinem inneren Rhythmus und Takt in die äußere Welt fügt. Die Arme entwickeln eine melodische Bewegungsform, in der sich die Themen des Lebens zeigen. Das Rhythmisch-Taktmäßige und das Melodische der Seele stützen sich auf diese körperlichen Bewegungen, klingen damit zusammen – im harmonischen wie im disharmonischen Fall.

Im Gehenlernen ist die ganze Art enthalten, wie sich der Mensch mit der physischen Außenwelt – statisch und dynamisch – ins Gleichgewicht setzt. Das reicht bis ins Geistige, ins Moralische: in dem, was das Kind individuell hineingießt in die Statik und Dynamik, die es sich zunächst in der Nachahmung aneignet, sind die Impulse des späteren Schicksals veranlagt. Im Gang zeigt sich, wie das Ich die Erde betritt und seinen Leib ergreift, und an der Art, wie es sich mit beiden auseinandersetzt, zeigt sich auch der Charakter. Im Aufrichten suchen wir das physische Gleichgewicht und zugleich das seelische Gleichgewicht – den Stand, von dem aus wir unser Schicksal gestalten.

Im bewegten Zusammenstimmen von rechtem und linkem Bein setzen wir uns in dynamische Beziehung zu dem, was unter uns ist. Die Arme lösen sich davon und gestalten bewegten Ausdruck, entwickeln in Gesten und Gebärden ein sprachliches Element, durch das wir uns zum Umkreis in Beziehung setzen. Die emanzipierten Bewegungen, die Art der Geschicklichkeit, besonders auch die ausdruckshaften, sprachlichen Bewegungsformen werden zur Grundlage des Sprechens mit der Stimme. Sie bewirken die Fundierung der gesprochenen Sprache – und indirekt der Erdensprache überhaupt – im ganzen Organismus. «Wie die Hand sich bewegt, wie die Hand Gesten macht, wie die Kraft in die Hand hineinergossen wird, das geht in das Gehirn und bildet den Motor für das Sprechen …» (Rudolf Steiner).

Lernt ein Kind sprechen, bevor es gehen lernt, dann fehlt diese Grundlage des Sprechens, diese Verankerung der Sprachfähigkeit und damit auch der sozialen Beziehungen in der Orientierung. Gerade von Borderline-Patienten erfährt man anamnestisch auffallend oft, daß sie als Kind früher sprechen als gehen konnten.

Das Sprechenlernen gründet und stützt sich im Normalfall auf das Gehenlernen, und das, was damit zusammenhängt, entwickelt sich heraus aus dem Orientieren im Raum.

Doch braucht es noch eine zweite eingreifende Grundkraft, eine

Fähigkeit, die sich in der Nachahmung der sprechenden Menschen die Sprache als eigene Fähigkeit aneignet. Das Wesentlichste dieser Aneignung, dieses Eingriffs der zweiten Grundfähigkeit in die Leibesbildung auf Erden geschieht unter gesunden Umständen etwa im zweiten Lebensjahr.

«Wenn Sie hineinsehen in diesen ganzen Zusammenhang, wenn Sie hineinsehen, wie in dem Satzbildungsprozeß von unten herauf die Beine in das Sprechen wirken, wie in den Lautbildungsprozeß, also in das innere Erfühlen der Satzstruktur die Wortinhalte hineinsteigen, so haben Sie darin den Abdruck dessen, wie das Taktmäßig-Rhythmische der Beinbewegungen wirkt auf das mehr Thematisch-Innerliche der Arm- und Handbewegungen. Wenn daher ein Kind vorzugsweise stramm ist im regelmäßigen Gehen ..., so haben Sie darin eine körperliche Unterlage, die ja ... aus dem Geiste herauskommt, aber als körperliche Unterlage in Erscheinung tritt: die Unterlage für ein richtiges Abteilen auch im Sprechen. So daß das Kind mit der Bewegung der Beine lernt, richtige Sätze zu bilden ... Und wenn ein Kind nicht ordentlich lernt, harmonische Bewegungen mit den Armen zu machen, dann ist seine Sprache krächzend und nicht wohllautend. Ebenso wenn Sie ein Kind gar nicht dazu bringen, das Leben zu fühlen in seinen Fingern, dann wird es keinen Sinn bekommen für die Modulation in der Sprache ...

(Der Mensch) läßt einfließen die Statik und Dynamik seiner eigenen Bewegungsfähigkeit in dasjenige, was er durch die Gestaltung der Luft hervorbringt im Sprechen ... Mit der Sprache nehmen wir auf, was wir uns seelisch aneignen aus der Umgebung. (Rudolf Steiner, Vortrag vom 16. April 1923).

Als dritter Schritt geschieht dann das Denkenlernen – aufbauend auf Gehen und Sprechen, aber durch den Einschlag einer dritten Kraft, einer dritten Fähigkeitsveranlagung. Das geschieht im normalen Falle vor allem im dritten Lebensjahr.

Zunächst verbindet das Kind mit den Lauten, die es nachahmt, nur Gefühle. Das Denken muß sich erst aus der Sprache heraus entwikkeln. Es tut dies gemäß der Sprache, gemäß ihrem Strömen, ihrem Licht, ihren Farben, ihrer Gliederung, ihrem Rhythmus von Fluß und Verdichtung, ihrer Melodie, ihrem Tempo, ihrer Kohärenz, ihrer Akzentuierung, ihrer Differenziertheit und Nuancierung, ihrer Geführtheit und Beherrschtheit, gemäß der Plastizität und Kraft der einzelnen Laute und Lautgruppen und so fort.

Indem das Denken sich an der Sprache entwickelt, setzt es sich immer bewußter in Beziehung zum Begrifflichen, zunächst zum Geistigen in der sinnlichen Außenwelt, allmählich zum Geistigen überhaupt.

Gehen, Sprechen, Denken – die drei spezifisch menschlichen Fähigkeiten sind nicht unabhängig voneinander, eines gründet im anderen, das Nachfolgende im Vorhergehenden. Doch kommt auf jeder Stufe auch ein ganz neuer Einschlag hinzu, der das Vorherige verwandelt. Durch Gehen, Sprechen, Denken wird der einheitlich dreigliedrige geistig-seelisch-leibliche Mensch ein Wesen, das in den ersten Lebensjahren hingegeben ist an die Außenwelt, im räumlichen, im seelisch-sozialen und im geistigen Sinne und sich das Moralische, Charakterfeste, Seelische mit den Sympathien und Antipathien des Lebens und deren Ausgleich und schließlich die äußere Natur einschließlich des eigenen Leibes aneignet, sich in seinen Willen, sein Fühlen, sein Denken inkarniert. Die Welt des umliegenden Erdenlebens tritt in dieser Reihenfolge an das Kind heran – Geist, Seele, Leib und Natur.

Auf dieser Grundlage entwickelt und differenziert sich später – in dem Alter, in dem auch die Borderline-Störungen als Krankheit manifest werden – die Seele.

Der Erwerb von Gehen, Sprechen, Denken in richtiger Reihenfolge ist Voraussetzung für die richtige Abgrenzung und das richtige Ineinanderspielen von körperlichen, seelischen und geistigen Erscheinungen im Menschenleben. Alle drei Schritte geschehen in Nachahmung der Menschen in der Umgebung. Wen das Kind aber im einzelnen nachahmt, das wählt es nach Liebe, nach Hingabe.

Im ersten Schritt prägt sich – in noch vorläufiger Weise – das individuelle Ich aus; die leibliche Menschwerdung beginnt mit dem Ich. Die späteren Schritte geschehen unter den Strahlen der Ich-Sonne, die alles vom ersten Ansatz an individualisiert.

Mit dem zweiten Schritt fügt sich das Kind einer konkreten Sprache, einem Volk oder Stamm ein. Mit dem dritten Schritt verbindet es sich dem Allgemeinmenschlichen.

Nur am Rande erwähnt sei ein Hinweis Rudolf Steiners, der indessen beträchtliche therapeutische Bedeutung erlangen kann angesichts der Frage: Wie lassen sich ungünstige Entwicklungen während der ersten drei Lebensjahre im späteren Leben unter völlig anderen Entwicklungsbedingungen doch noch verbessern? Rudolf Steiner stellt dar, daß drei Seelenhaltungen, die dem Kinde aus seiner unmittelbaren Umgebung entgegenkommen, entscheidende Hilfe bei der Aneignung von Gehen, Sprechen und Denken sind: beim Gehenlernen Liebe, beim Sprechenlernen Wahrhaftigkeit, beim Denkenlernen Klarheit und Bestimmtheit.

Des weiteren sei ebenfalls noch am Rande erwähnt, daß Rudolf Steiner Beziehungen aufzeigt zwischen Störungen in den drei großen Schritten der ersten drei Lebensjahre und späteren somatischen Krankheitstendenzen: Störungen des Gehenlernens disponieren zu Stoffwechselkrankheiten, Rheumatismus, Gicht; Störungen des Sprechenlernens durch mangelnde Wahrhaftigkeit im Umgang mit dem Kind, besonders im zweiten Lebensjahr, disponieren zu Verdauungsstörungen; Störungen des Denkenlernens durch Unklarheit der Umgebung schließlich begünstigen alle Arten von Nervosität im späteren Leben.

Es wäre interessant zu untersuchen, ob und wie solche Erkrankungen und Störungen mit den psychischen Frühstörungen korrelieren.

Die vorgeburtliche Herkunft
der drei menschlichen Grundfähigkeiten

Einen wesentlichen Schritt tiefer in die ganze Problematik hinein kann es uns führen, wenn wir uns der Frage zuwenden, woher die Kräfte kommen, die dann im Erdenleben in den Erdenfähigkeiten zu gehen, zu sprechen und zu denken in Erscheinung treten. Woher kommen diese Fähigkeiten? Welche vorgeburtlichen Fähigkeiten verwandeln sich in diese drei Erdenfähigkeiten?

Rudolf Steiner gibt folgende Darstellung der nachtodlich-vorgeburtlichen Verhältnisse und ihrer Umwandlung bei der Inkarnation in die drei Äußerungen der Menschennatur, durch welche der Mensch eigentlich das Wesen wird, das er auf der Erde ist, in Gehen, Sprechen, Denken:

Im kosmischen Bewußtsein zwischen Tod und neuer Geburt gibt es keinen Raum und keine Raumorientierung, kein Stehen und Gehen auf einem physischen Boden; keinen in der Luft ertönenden sprachlichen Ausdruck; keine sinnengetragene Wahrnehmung mit sich anschließender gehirngebundener Vorstellungsbildung und kein Denken nach Art des gehirngetragenen Verbindens von Vorstellungen. Gehen, Sprechen, Denken werden nach dem Tode abgelegt bzw. umgewandelt in Fähigkeiten, die dem kosmischen Bewußtsein entsprechen.

Wie orientieren und bewegen wir uns dann? Wie treten wir in worthaften Austausch mit anderen Wesen? Wie nehmen wir Gedankenhaftes auf und verarbeiten es? Nachdem wir in der ersten «Hälfte» des Lebens zwischen Tod und neuer Geburt im Zusammenhang mit immer höheren Hierarchien in Stufen das vergangene Erdenleben verarbeitet haben, bereiten wir in der zweiten «Hälfte» das künftige neue Erdenleben vor – ebenfalls in Zusammenarbeit mit hierarchischen und anderen Wesen. In völliger Umkehr gegenüber dem Erdenleben offenbart sich unser Inneres als ein Sternenkosmos; die ganze Welt ist unser Inneres; unsere äußere Tätigkeit gilt unserem künftigen

Leib, der vorgebildet wird als eine Geistwesenheit, die in sich die Kräfte trägt, welche dann den physischen Leib organisieren – Kräfte, die verwandt sind mit den Erdenkräften, die von Vater und Mutter kommen «im Erbstrom». Diese Geistwesenheit, Geistkeim genannt, enthält keinerlei Veranlagung, keine Kräfte zu Gehen, Sprechen, Denken. Was an Kräften im Geistkeim ist, gestaltet sich im Erdenleben naturhaft aus, so auch zahlreiche Krankheitsanlagen infolge karmisch bedingter Störungen des Geistkeims. Gehen, Sprechen, Denken dagegen bilden sich im Erdenleben nicht naturhaft. Sie entstehen direkt aus Kräften der Individualität, und zwar bilden sie sich nur unter dem Vorbild, unter der Lehre anderer Erdenmenschen aus. Sie sind nicht im Geistkeim vorgebildet, sondern werden von der geistig-seelischen Individualität erst während des Erdenlebens angeeignet – von der Individualität, die den Leib, das sich entwickelnde Ergebnis aus Geistkeim und Vererbung, im Embryonalleben und in der Kindheit und bis zur Lebensmitte hin ergreift, was vor allem in der Kindheit mit einer tiefen Verwandlung des Leibes verbunden ist, wie wir gesehen haben.

Welches sind nun die Kräfte der vorgeburtlichen Individualität, die innerhalb der ersten drei Lebensjahre als Gehen, Sprechen, Denken in Erscheinung treten, indem die Individualität als menschliche und den Leib vermenschlichende in diesen einzieht und sich damit auf der physischen Erde verankert?

Rudolf Steiner stellt dar, daß der Mensch in der geistigen Welt vor dem Abstieg in die Erdenverkörperung mit einzelnen anderen menschlichen und hierarchischen Wesen in Verbindung tritt, indem er sich ihnen ähnlich macht, ihnen verwandt wird; er fühlt sich ihnen dann innerlich-seelisch nahe und erlebt unter ihrem Einfluß, was an geistigen Sympathiekräften oder auch Antipathiekräften von ihnen ausgeht. Er wird geistig von ihnen angezogen und abgestoßen. Er sucht die Beziehung zu ihnen oder die Trennung von ihnen, je nachdem, was er für seine Entwicklung gerade braucht. Im Verwandtwerden mit einzelnen Wesen oder im Sich-Zurückziehen von ihnen orientiert er sich unter den Wesen der geistigen Welt. Die Fähigkeit zu dieser zentrifugal-zentripetalen geistigen Orientierung an Wesenheiten verwandelt sich schwerpunktmäßig im ersten Jahr des Erdenlebens in die Fähigkeit zur leiblichen Orientierung im Raum, die dem Stehen und Gehen zugrunde liegt. Diese Verwandlung ist damit verbunden, daß das die Erde betretende Ich sich mit dem Stoffwechsel-Gliedmaßen-System verbindet und es ichgemäß formt.

Zu der vorgeburtlichen Fähigkeit der Wesensbegegnung kommt eine zweite Fähigkeit hinzu: Das Menschenwesen fühlt sich in diesen Vorgängen der Begegnung abwechselnd gewissermaßen rhythmisch zusammengezogen in sich; dann schließt es sich wieder auf, richtet seine geistigen Wahrnehmungsorgane hinaus; es läßt sein Wesen seelisch in die Weiten ausströmen, wird eins mit dem Kosmos, zieht es wieder zusammen – ein geistiger Atmungsprozeß – in einem Rhythmus, der sich nach den Sternen richtet, die in ihrem Gang und ihrer Stellung die Anreger im Weltenrhythmus sind. Wir dringen hinaus, leben da draußen in einem Weltenrhythmus, in dem wir gewissermaßen die moralisch-ätherische Welt einatmen. Was wir draußen umfaßt haben, beginnt in uns zu sagen, was es ist; der Logos, in den wir uns hinausversenkt haben, spricht dann in uns. Beim Einatmen unseres Wesens kommen die Worte, die im Weltenall ausgebreitet sind, in uns herein und offenbaren sich als Weltenwort.

Diese Fähigkeit, das Weltenwort einzuatmen und in uns zur Offenbarung kommen zu lassen, verwandelt sich – schwerpunktmäßig im zweiten Jahr des Erdenlebens in die Fähigkeit zur Erdensprache. Im Zusammenhang mit dieser Verwandlung verbindet sich der Astralleib des sich inkarnierenden Wesens mit der leiblichen Sprachorganisation, dem ganzen rhythmischen Menschen, und formt ihn.

Indem wir im vorgeburtlichen Dasein mit uns vereinen, was uns der Logos sagt, leuchten in unserem Wesen die Weltgedanken auf. Wir saugen die leuchtenden Weltgedanken aus der Sprache des Logos auf. Diese dritte Fähigkeit verwandelt sich – schwerpunktmäßig im dritten Jahr des Erdenlebens – in die Fähigkeit, zu denken im irdischen Sinne, das ist in einer vergleichsweise finsteren, nicht leuchtenden Art. Diese Verwandlung geht einher mit der Gestaltung des Gehirns zum Denkorgan durch den sich damit verbindenden Ätherleib des herabsteigenden Menschenwesens, dem indessen sternengeborene Kräfte eingegliedert sind, die im Leben als Kräfte der Rede, der Bewegung, der Weisheit, der Schönheit und Liebe, der inneren Seelenwärme und als schützende Kräfte in Erscheinung treten können.*

Zusammenfassend seien Worte Rudolf Steiners aus seinem Vortrag vom 26. November 1922 zitiert:

«Wenn der Mensch hier auf die Erde in bezug auf seinen Geistkeim herunterströmt ..., da ist er aus der geistigen Welt her nicht zum Denken im irdischen Sinne, nicht zum Sprechen im irdischen Sinne, auch nicht zum Gehen im irdischen Sinne der Schwerkraft veranlagt, sondern er ist veranlagt, zwischen den Wesen der höheren Hierarchien sich zu bewegen, sich zu orientieren. Er ist nicht zum Sprechen veranlagt, er ist veranlagt dazu, den Logos in sich ertönen zu lassen. Er ist nicht zu den finsteren Gedanken des Erdenlebens veranlagt, er ist veranlagt zu den Gedanken, die in ihm leuchtend werden innerhalb des Kosmos.

Dasjenige, was hier auf der Erde Gehen, Sprechen, Denken ist, das hat seine Analogien drüben in der geistigen Welt: Erstens in der Orientierung innerhalb der Hierarchien, zweitens in dem In-sich-lebendig-Tönendwerden des Weltenwortes und drittens in dem geistigen innerlichen Aufleuchten der Weltgedanken.»

Und an anderer Stelle desselben Vortrages wird gesagt:

»Solange der Mensch ... unter dem Einflusse von Saturn, Jupiter und Mars steht, will er eigentlich ein Wesen werden, das nicht geht

---

* Nebenbei sei bemerkt: die Inkarnation des Ich in den unteren Menschen, des Astralleibs in die rhythmische Organisation, des Ätherleibs in das Gehirn kann in anderer Weise in ihrer psychiatrischen Relevanz weiterverfolgt werden mit Hilfe des «Entfesselungsvortrages» (Rudolf Steiner, Vortrag vom 14. Januar 1917).

und spricht und denkt im irdischen Sinne, sondern das sich unter Geistwesen orientieren will, das den Logos in sich tönend erleben will, das die Weltgedanken in sich aufleuchtend haben will. Und mit diesen inneren Absichten wird nun in der Tat der Geistkeim des physischen Organismus auf die Erde herunter entlassen.

Der Mensch, der von den geistigen Welten auf die Erde steigt, hat nämlich nicht die geringste Neigung, sich der Erdenschwere zu fügen, er hat keine Neigung zu gehen, die Sprachorgane in Vibration zu bringen so, daß seine physische Sprache ertönt, und mit einem physischen Gehirn über die physischen Dinge nachzudenken. Das hat er alles nicht. Das bekommt er dadurch, daß er, indem er aus der Sphäre der Saturnkräfte, also als physischer Geistkeim, auf die Erde hinunter entlassen wird, durch die Sonne durchgeht und dann in die andere Planetensphäre hineinkommt, in die Merkur-, Venus-, Mondensphäre. Merkur-, Venus- und Mondensphäre verwandeln die kosmischen Anlagen zur Geistorientierung, zum Logoserleben, zum Aufleuchten der Weltgedanken im Innern, in die Anlage zum Sprechen, zum Denken, zum Gehen. Und die Umkehrung bewirkt die Sonne, das heißt, die geistige Sonne.»

Nur am Rande sei angedeutet, daß die genannten Planetenwirkungen Hinweise enthalten auf eine medikamentöse Behandlung bei Störungen dieses Inkarnationsvorgangs.

Die Inkarnation und ihre Störungen

Die Verwandlung der drei geistig-seelischen kosmischen Fähigkeiten in leibliche Möglichkeiten bedeutet zunächst einen großen geistig-seelischen Verlust. Die kosmischen Fähigkeiten der Orientierung in der Wesensbegegnung, des Auffassens der worthaften Weltenkräfte, des Erlebens von Geisteszusammenhängen und Geisteszielen verschwinden in leibliche Gestaltungen, und entsprechende Erdenfähigkeiten – von diesen leiblichen Gestaltungen getragen – müssen erst im Erdenleben errungen werden, und zwar im Austausch mit anderen Erdenmenschen, im Nachahmen von deren Vorbild, unter deren Anregung. Ansatz dafür sind Ahnungen, die uns aus dem Vorgeburtlichen bleiben und eine Sehnsucht in uns hervorrufen, welche als eine geistige Seite zum Gehen, Sprechen und Denken dazugehört; wie eine Aura dieser drei Erdenfähigkeiten kann sie uns erscheinen.

Unzählige Störungsmöglichkeiten sind dabei gegeben, die sich in doppelter Weise auswirken: einerseits in unvollkommener Ausgestaltung von Gehen, Sprechen und Denken – im obigen umfassenden Sinne –, andererseits in den entsprechenden geistig-seelischen Fähigkeiten des Erdenlebens.

Mit dem Verlust der dritten kosmischen Fähigkeit verbunden ist ein besonders umfassender geistig-seelischer Verlust: indem sich die himmlischen Fähigkeiten in die irdischen Fähigkeiten verwandeln, verliert der Mensch das Erlebnis der kosmischen Moralität.

«Die Orientierung unter den Wesen der höheren Hierarchie erlebt man ... als moralische Orientierung. Ebenso spricht der Logos mit Moralität. Und ebenso leuchten die Weltgedanken im Sinne der Moralität. ... Erst indem der Mensch diese charakterisierten Fähigkeiten umwandelt in das Gehen, Sprechen, Denken, verliert er die moralischen Ingredienzien.»

Und etwas später im selben Vortrag: «Es könnte ja auch so sein – wenn es in der Weltenordnung durch irgendeine göttliche Fügung so gekommen wäre, daß der Mensch hier auf der Erde gar keine Ahnung davon hätte, daß er neben einem physischen auch ein moralisches Wesen sein soll –, daß sein Gehen, Sprechen, Denken hier auf der Erde einer himmlischen Orientierung, einem himmlischen Logos, einem himmlischen Erleuchtetwerden mit den Weltgedanken entspricht. Der Mensch weiß, wenn es nicht in ihm *angeregt* wird, auf der Erde nicht viel von diesen himmlischen Gegenbildern seines Irdischen, aber *Ahnungen* davon sind in ihm doch vorhanden. Alles, was den Menschen mit der geistigen Welt verbinden würde, würde auf der

Erde spurlos vergessen sein, nicht einmal das Gewissen würde sich regen, wenn nicht auf der Erde dennoch *Nachwirkungen* des Himmlischen vorhanden wären.» (Vortrag vom 26. November 1922. Hervorhebungen – *D. B.*).

Drei vorgeburtliche Fähigkeiten der sich inkarnierenden Individualität metamorphosieren in die drei leibgebundenen Erdenfähigkeiten des Gehens, Sprechens, Denkens, die sich durch Nachahmung von Vorbildern verwirklichen.

Zugleich bleiben Nachwirkungen der vorgeburtlichen Fähigkeiten, die sich je nach Vorbild und Anregung mehr oder weniger vollkommen zu geistig-seelischen Fähigkeiten entwickeln können – geistig-seelischen Fähigkeiten, die im Erdenleben eine Verbindung mit der geistigen Welt ermöglichen, basierend auf dem Geistigen im anderen Menschen und in der Sinneswelt. Gehen, Sprechen, Denken stehen in innigem Zusammenhang mit diesen geistig-seelischen Fähigkeiten: das Gehen mit der Fähigkeit zur Wesensbegegnung und Orientierung, das Sprechen mit der Fähigkeit, Worthaftes zu erfassen und in sich ertönen zu lassen, etwa in einer Menschenbegegnung das Gemeinte mit intuitiver Sicherheit zu verstehen, schließlich das Erdendenken mit der Fähigkeit, doch auch Weltgedanken in sich leuchten zu lassen, wenigstens ansatzweise.

Beides ist jeweils nötig: ein richtiges Erdenwesen werden zu wollen, was sich im vollen Erwerb von Gehen, Sprechen, Denken – am Vorbild – verwirklicht, und andererseits eine Verbindung mit der geistigen Welt halten zu wollen, was als Ahnung innerhalb von Gehen, Sprechen, Denken angelegt ist und durch Anregung wachsen und sich zur Fähigkeit im Erdenleben ausgestalten kann.

Bei krankhaften Störungen dieser Entwicklungen sind beide Seiten zugleich gestört. Die Gehstörung können besonders gut die Heileurythmisten beobachten,* aber auch Bothmer-Gymnasten; die Sprechstörung vor allem auch wieder die Heileurythmisten* und Sprach-

* Siehe den Aufsatz von U. S. Langerhorst im vorliegenden Band.

gestaltungs-Therapeuten; die Denkstörung zeigt sich in jedem Gespräch, das den Patienten als Erdenmenschen herausfordert – jeder, der mit solchen Patienten zu tun hat, kennt das lichtlose Gezerre, in welches das Gespräch dauernd abzugleiten droht, kennt die nicht widerlegbare Scheinlogik, die Inflexibilität der Argumente, die da auftreten können. Und die psychologische Seite:

– die Unsicherheit in der Wesensbegegnung – mit Menschen, aber auch mit Geistwesen, z.B. dem Engel –, die mangelhafte Orientierung auf Erden in Raum und Leib, sei es bezüglich des eigenen Wesens und Selbstbildes – Selbstverletzungsverhalten und Suizidalität haben hier eine Wurzel –, sei es des Berufs, der persönlichen Ziele, der Sexualität, sei es bezüglich der Freunde und Partner. Man weiß nicht, wer man ist und was man im Leben will

– Das Leere- und Langeweilegefühl wegen fehlender Zielsetzungen, das wiederum die Selbstgefährdung verstärkt

– Die Instabilität im Gefühlsbereich, in welchem es keine Sicherheit gibt bezüglich dessen, was man seelisch aus der Umgebung aufnimmt; das Leben in Extremen, vom einen ins andere umkippend; das Unvermittelte, das bis zur Dissoziation geht; die Fremdheitsgefühle, die Angst, die Impulsivität und Reizbarkeit; die Schwarzweißmalerei, die Idealisierung und Entwertung als Ursache der Instabilität der Beziehungen, die wiederum die Verlassenheitsangst bedingt, welche indessen auch zugleich Orientierungsstörung bezüglich des eigenen Ich ist

– Das Eingefangensein in den physischen Denkvorgängen bis hin zum Paranoiden, die fehlende Freiheit zum Gedankenaufschwung, zu den weiten Verstehensbezügen, zum Leuchtenden im Denken; zu einem Denken, das sich im Äther bewegen kann und zum Geistigen findet, zum Erleben von Geisteszusammenhängen und von Geisteszielen

Im Denken der Borderline-Patienten finden wir einen Bruch zwischen hartem, logischem oder scheinlogischem Verknüpfen fester Vorstellungen, das wie ein Am-Boden-Kriechen der Gedanken wirkt, und andererseits feinen, ästhetisierenden, unkonturiert spirituellen Gedanken – das verbindet sich nicht zu einem geschmeidigen, bewegten Erdendenken und nicht zu einer soliden Spiritualität.

Im Fühlen findet sich die Spaltung, die mangelhafte Vermittlung von Erdentüchtigkeit und Geistessehnsucht, von Seeleninnerem und Sozialfähigkeit. Die Seele wirkt wie aus der leiblichen Verankerung in der rhythmischen Organisation gelockert, dadurch wie in die Umgebung ausgestülpt, ungeschützt, verletzlich. Der Astralleib kippt von einem Extrem ins andere – bei seiner Inkarnation konnte das Ich noch nicht genug wirksam sein mit seiner einheitschaffenden Kraft, weil es nicht ausreichend im Gehen verankert war. Deshalb auch neigen die Gefühle dazu, sich der ichhaften Durcharbeitung zu entziehen, die unangenehme Wirklichkeit zu verleugnen – Wahrhaftigkeit der Kindheitsumgebung wirkt heilsam (s. S. 23); neigen dazu, nicht die Zusammenhänge so zu erfassen, wie sie nun einmal sind. Wieder findet man einen Bruch – den Bruch zwischen elementaren, unreifen Affekten («Borderline-Entsetzen», siehe den Aufsatz von H. Dekkers) und edelsten Empfindungen für das Ideale, denen indessen die Halt gebende Kraft fehlt.

Mit diesen Störungen des Inkarnationsgeschehens der ersten drei Lebensjahre – der Umwandlung vorgeburtlicher geistig-seelischer Fähigkeiten in die Erdenfähigkeiten von Gehen, Sprechen und Denken, der Eingliederung eines Nachklanges der vorgeburtlichen Fähigkeiten in diese Erdenfähigkeiten und der Verwirklichung der damit gegebenen Möglichkeiten am Vorbild anderer Menschen –, mit diesen Störungen, welche die Borderline-Störungen umfassen, haben wir eine neue Klasse von Erkrankungen vor uns; sie sind ganz anderer Genese als die naturhaft auftretenden Krankheiten, deren Ursache im Erbstrom oder in – wie auch immer geartete – Störungen des Geistkeims liegt, wie wir sie in der Psychiatrie etwa in den sogenannten endogenen Psychosen vor uns haben oder auch in der Disposition zu vielen Neurosen.

Diese neuen Krankheiten sind offensichtlich erst in unserem Jahrhundert aufgetreten und nehmen seit den sechziger Jahren von Jahrzehnt zu Jahrzehnt an Häufigkeit zu – Karma des Materialismus, wie man vermuten kann.

Was mag die Mission dieser Erkrankungen sein? Ihr Angriff richtet sich gegen Gehen, Sprechen, Denken, die spezifisch menschlichen Fähigkeiten, gegen den Menschen als Erdenwesen und gegen dessen Verbindung zur vorgeburtlichen Geistwelt. Erarbeiten diese Kranken nicht, indem sie ihren Kampf um Heilung kämpfen, das Menschsein auf Erden in einer besonderen Weise? Wird von ihnen nicht etwas errungen, was der Menschheit in Zukunft immer weniger selbstverständlich gegeben sein wird? Wird so die zunehmend versäumte bewußte Pflege des Menschlichen auf andere Weise geleistet?

Literatur

Diagnostisches und Statistisches Manual Psychischer Störungen DSM-IV, übersetzt nach der 4. Auflage des Diagnostic und Statistic Manual of Mental Disorders der American Psychiatric Association; Washington 1994. Göttingen, Bern, Toronto, Seattle 1996.

Berg, M.: «Psychological testing of the borderline patient». In: *Am. J. Psychotherapy 36* (1982) 536-546.

Gunderson, J. G., Kolb, J. E.: «Discriminating features of borderline patients». In: *Am. J. Psychotherapy 135* (1978) 792-796.

Kernberg, Otto F.: *Borderline-Störungen und pathologischer Narzißmus.* Übersetzt von Hermann Schultz. Frankfurt am Main 1983.

– –: *Psychodynamische Therapie bei Borderline-Patienten.* Bern, Göttingen, Toronto, Seattle 1993.

Rohde-Dachser, Christa: *Das Borderline-Syndrom.* 5., vollständig überarbeitete und ergänzte Auflage. Bern 1995.

– –: «Borderline-Störungen». In: *Psychiatrie der Gegenwart,* Bd. 1. Berlin, Heidelberg, New York, Tokyo. 3. Auflage 1986.

Schmideberg, M.: «The borderline patient». In: Arieti (ed.): *American Handbook of Psychiatry.* vol. 1. New York 1959.

Singer, M. T.: «The borderline diagnosis and psychological tests». In: Hartocollis, P. (ed.): *Borderline personality disorders.* New York 1977.

Singer, M. T., Larson, D. G.; «Borderline personality and the Rorschach test». In: *Arch. Gen. Psychiatry 38* (1981) 693-698.

Steiner, Rudolf: Gesamtausgabe (= GA). Rudolf Steiner Verlag, Dornach / Schweiz

GA 174 *Zeitgeschichtliche Betrachtungen. Zweiter Teil.* Vortrag vom 14. Januar 1917 («Entfesselungsvortrag»). 1. Auflage 1966.

GA 219 *Das Verhältnis der Sternenwelt zum Menschen und des Menschen zur Sternenwelt.* Vortrag vom 26. November 1922. 6., ergänzte Auflage 1994.

GA 306 *Die pädagogische Praxis vom Gesichtspunkte geisteswissenschaftlicher Menschenerkenntnis.* Vortrag vom 16. April 1923. 3. Auflage 1982.

Ursula Langerhorst

Heileurythmie mit Borderline-Patienten

Einleitung

Immer häufiger kommen Patienten mit einer Borderline-Störung zu uns, und die Frage nach dem Bewegungsbild dieser Krankheit wurde immer wieder gestellt. Bestimmte Merkmale sind auffallend bei dem einen Patienten, fehlen aber bei dem anderen, der wieder andere auffällige Gesten zeigt. Hier soll versucht werden, das gesamte Bewegungsbild in drei Gruppen zusammenzufassen.

Welche in der Heileurythmie sichtbaren Phänomene weisen auf eine Störung in der Entwicklung von Gehen, Sprechen und Denken hin?

Das am meisten ins Auge springende Phänomen war das plötzliche Fast-Umkippen – wobei ich nie geneigt war, meine Hand zur Unterstützung auszustrecken, während ich Patienten mit neurologischen Störungen selbstverständlich eine helfende Hand reiche.

Ich machte eine Liste von allen Patienten, bei denen ich dieses Phänomen beobachtet hatte. Darunter war auch Frau A., obwohl man ihre Krankheit zu der Zeit noch nicht als Borderline-Störung einschätzte. Weil so viele körperliche Symptome im Vordergrund standen, war ich durch ihre verschiedenen Schmerzen geblendet für die Wahrnehmung von Störungen in der Entwicklung von Gehen, Sprechen und Denken. Den behandelnden Ärzten war es zwar klar, daß sie nicht die Fähigkeit hatte, sich anders auszusprechen als durch ihre Schmerzen, aber in der Heileurythmie standen diese Schmerzen der Ausführung der Übungen so sehr im Weg, daß wir zunächst nur im Sitzen mit einer Kupferkugel üben konnten – wie bei einem körperlich schwerkranken Menschen. Erst allmählich – im Überwinden der vordergründigen Symptome – kamen die hintergründigen Störungen deutlicher heraus.

In den folgenden drei Kapiteln über Störungen in der Entwicklung des Gehens, des Sprechens und des Denkens werde ich jeweils versuchen, meine Beobachtungen an verschiedenen Patienten mit Borderline-Störungen zu beschreiben und diese Beschreibung in drei Stufen des Wahrnehmens nach folgenden Gesichtspunkten gliedern:
– Wie wird das Erscheinungsbild des Patienten in den Übungen der Heileurythmie sichtbar?
– Was für eine «sichtbare Sprache» können wir durch diese Gesten verstehen lernen?
– Welche Intention steht hinter diesen Gesten, welches Lebensziel oder welche Lebensfrage?
Daran schließt sich die Frage an, wie man durch diese drei Wahrnehmungsstufen über eine «heileurythmische Diagnose» zur Therapie findet.

Gehen
(sich aufrichten, stehen können, Raumorientierung)
Erscheinungsbilder der Störungen

Nicht stehen können

Frau A. stand meistens an die Wand gelehnt vor meiner Tür – den Rücken mir zugewandt –, und wenn ich sie begrüßen wollte, begegnete mir ihr Blick kaum, der Händedruck war kraftlos und flüchtig. Ihr Gang war langsam und schlurfend, sie schien die Füße nur mühsam vom Boden heben zu können. Mitten im Raum blieb sie stehen, auf einem Bein hängend, wie ein Fragezeichen; oder sie lehnte sich wieder an die Wand. Alles an ihr schien schlaff und ohne Spannkraft. «Sie läßt sich hängen», konnte man es nennen. Als ich sie einmal nach

Ablauf einer Gruppen-Eurythmie-Stunde – die sie mit hochgezogenen Beinen in einem Sessel sitzend oder eher hängend verbracht hatte – fragte, warum sie denn gekommen sei, wenn es ihr zu schlecht gehe, um mitzumachen, antwortete sie: «Sonst sagen die (Ärzte und Pfleger) wieder von mir, daß ich mich hängenlasse!»

Frau C. war groß und stattlich von Gestalt. Sie saß immer zusammengekauert auf der Treppe, weit von meiner Tür entfernt. Wenn ich sie begrüßen wollte, kam sie zögernd, wandte den Kopf ab, wenn ich ihr die Hand gab, und ging dann mit dem Rücken an der Wand entlang durch den Raum, mit den Händen dabei tastend und wie Stütze suchend. Auch konnte sie mir bei den Übungen nicht gegenüberstehen – sie hätte es nicht aushalten können –, ich mußte immer neben ihr hergehen und alle Übungen mitmachen.

Plötzlicher Gleichgewichtsverlust

Wie bei Frau A. trat auch bei Frau B. immer wieder mitten in einer Übung ein plötzliches Umkippen auf, obwohl sie von Kindheit an zur Leistungssportlerin trainiert worden war – und somit einen hervorragenden Gleichgewichts-Sinn ausgebildet haben mußte!

Ich konnte mir kaum vorstellen, wie Frau A., die in der Heileurythmie so «kippelig» war, wie sie es selber nannte, noch vor wenigen Jahren ein schweres Motorrad hatte fahren können.

Wenn sie nicht angelehnt stand, saß sie oft mit hochgezogenen, gekreuzten Beinen – im Buddha-Sitz – auf dem harten, unbequemen Holzstuhl vor meiner Tür, und diese Haltung nahm sie auch ein, wenn sie sich nicht imstande fühlte, an der Gruppentherapie teilzunehmen.

Übt man mit diesen Patienten das dreiteilige Schreiten, so ist vielfach zu beobachten, daß das Abheben (sich gegen die Erde Stemmen-Können) wenig willenshaft ist, das Tragen flüchtig oder zaghaft, und das Hinstellen des Fußes geschieht in einer Weise, die zeigt, daß der Betreffende sich nicht mit der Erde verbinden kann.

Schlechte Orientierung im Raum

Sich mitten in den Raum zu stellen war für Frau C. zunächst unmöglich. Sie suchte immer Stütze an der Wand, hatte Angst davor, vorwärts oder gar rückwärts in den Raum hineinzuschreiten.

Frau A. konnte sich mitten in den Raum hineinstellen, war aber unfähig, mit den Armen in die Weite zu gehen. Und als es ihr endlich gelang, sie mutig auszustrecken, tat es ihr weh, mit der Gebärde wieder zu sich selber zurückzukommen (bei der Übung «Liebe-E»).

Nicht gehen können

Bei Frau D. war der Gang am Anfang der Behandlung so gestört, daß sie nur sehr langsame Schritte machen konnte, als wenn die Beine ihr den Dienst versagten; das wurde noch dadurch verstärkt, daß sie dicke «Moonboots» trug und sich wirklich wie ein Mond-Wanderer bewegte, der keine Erdenschwere unter den Füßen hat.

Bei Frau E. fiel besonders auf, daß sie einen fast automatischen Gang hatte – als liefe der Willensakt des Schreitens ohne ihr Zutun ab –, die Hände baumelten dabei unbelebt am Körper herunter; auch beim Gehen auf der Straße schwangen die Arme gar nicht mit, und sie konnte nicht ausschreiten.

Nicht ausschreiten können und keinen zielsicheren Gang haben sind häufig Merkmale der Borderline-Störungen.

Bei Frau F. bestand diese Diagnose als Möglichkeit, aber sie hatte einen willenshaften Gang – wenn auch schwer und kindlich ungeschickt –, trotz anderer Bewegungsauffälligkeiten war sie durch ihren Gang für mich keine Borderline-Patientin.

Was kommt durch diese Erscheinungsbilder zum Ausdruck?

Nicht stehen können oder schnell ermüden beim Gehen, eine Stütze suchen an der Wand, an einem Gegenstand oder bei einem Menschen, das sehen wir bei fast allen Borderline-Störungen.

Frau A. erzählte, früher immer ältere Persönlichkeiten gesucht zu haben, an die sie sich «anlehnen» konnte, sie hatte Angst, «auf eigenen Beinen stehen zu müssen». Andere Patienten versagen im Berufsleben trotz Fähigkeiten, Talenten, Intelligenz.

Bei Frau C. stand das Nicht-stehen-Können besonders in Diskrepanz zu ihrer großen, stattlichen Erscheinung, durch die fehlende Standhaftigkeit konnte sie sich nicht «als Mensch offenbaren» (Rudolf Steiner, Heileurythmie, Vortrag vom 13. April 1921); sie blieb immer ein großes Kind: scheu, ängstlich, verlegen und nicht fähig, sich durch die Sprache zu äußern. Vielleicht ist das «richtige Stehenkönnen» eine Voraussetzung für das Sprechenkönnen überhaupt – und somit bei allen Sprachstörungen die Basis-Therapie.

*

Der bei verschiedenen Patienten auftretende plötzliche Gleichgewichtsverlust hat mich zu der Frage geführt: Gibt es Gleichgewichtsstörungen, die seelisch bedingt sind und durch seelische Anforderungen (beispielsweise unbekannte, neue Übungen) ausgelöst werden? Wenn Frau A. in der Heileurythmie so «kippelig» war, wie schon lange nicht mehr, fragte ich sie: «Ist heute morgen etwas vorgefallen?» Und es zeigte sich tatsächlich, daß sich bei der Arbeitstherapie schon ein kleines Drama abgespielt hatte, das sie völlig «aus dem Gleichgewicht» gebracht hatte.

Bei Frau B. war es weniger durch tägliche Vorfälle verursacht als durch ihre Lebenssituation: für einen Beruf (Leistungssport) ausgebildet zu sein und nicht zu genügen – dadurch war auch sie seelisch aus dem Gleichgewicht gekommen.

Patienten mit Borderline-Störungen sind leichter aus dem Gleichgewicht zu bringen als andere Menschen. Ist die Ursache darin zu suchen, daß sich das erste Aufrichten und Gleichgewicht-Suchen in früher Kindheit nicht ungestört vollziehen konnte?

Sich nicht mit der Erde verbinden können: Im beliebten Buddha-Sitz – die Fußsohlen nicht auf der Erde; in der Hocke auf der Treppe sitzend, die Arme um die Knie geschlagen, den Kopf eingezogen, fast wie in Embryonal-Stellung, zeigen die Patienten, wie schwer es ihnen fällt, sich mit der Erde zu verbinden.

*

Was äußert sich durch die schlechte Orientierung im Raum?

Allen Patienten mit Borderline-Störungen fehlt ein Bewußtsein für den hinteren Raum. Es ist Angst vor dem Unbekannten und Unsichtbaren da; das Rückwärtsschreiten ist zögernd, unsicher bis torkelnd. Beim Stehen sieht es aus, als stünden sie immer mit dem Rücken an einer Wand – und diese «Wand» ist hart, undurchdringlich und finster.

Vorwärtsschreiten zeigt in der Eurythmie, wie ein Mensch auf ein Lebensziel zugeht; Rückwärtsschreiten zeigt, wieviel Vertrauen in eine geistige Führung da ist – ich nenne den hinteren Raum oft den «Schutzengel-Raum», wenn Patienten sich scheuen, rückwärts zu gehen. Seitwärtsschreiten bringt Dauerhaftes zum Ausdruck.

Ein kleines Kind, das sich zum ersten Mal aufrichtet, sucht das Gleichgewicht zwischen vorn und hinten, rechts und links, oben und unten ganz unbewußt, und es vollzieht sich ein Wunder! Wenn aber bei einer Störung (durch äußere oder innere Umstände) das Kind nicht dazu kommt, sich aufzurichten, bevor es sprechen lernt, oder wenn es immer wieder die Beine einzieht, wenn die Eltern ihm helfen wollen, diesen ersten Lebensschritt zu vollziehen, dann können sich im Erwachsenenalter Raumorientierungs-Störungen wie die oben beschriebenen zeigen. «Lebensangst» wurde bei allen Borderline-Patienten sichtbar durch diese Unfähigkeit, in die Weite hinauszugehen; durch das «An-die-Wand-gestellt-Sein», wenn der hintere Raum für sie wie verschlossen ist; oder durch das Nicht-in-den-Raum-hineingehen-Können. Nicht gehen können, nicht ausschreiten können und keinen zielgerichteten Gang haben ist fast bei allen Patienten mit Borderline-Störungen zu beobachten. Wenn ich Frau A. auf der Straße sah, ging sie fast immer wie eine Schlafwandlerin, scheinbar ohne ein Ziel; sie hob die Füße kaum vom Boden. Frau D. hatte auch diese Art, sich mit leicht schlurfenden Schritten langsam vorwärtszubewegen. Bei Frau E. fiel der oben beschriebene «automatische» Gang auf, sie hatte ihre Beine gar nicht im Griff, obwohl sie vor wenigen Jahren Wettkämpfe im Sport gewonnen hatte! Jetzt, im akuten Zustand einer psychotischen Episode, konnte man sehen, daß ihr Bewußtsein, ihr Gefühl und auch der Lebensstrom der Bewegungen (Ätherleib) nicht mehr in Armen und Beinen «drinnen» waren. Der Gang bekam dadurch etwas Marionettenhaftes, war wie von oben und außen geführt; die Arme hingen gleichsam leblos herab – wie es oft bei Psychosen zu beobachten ist. Allen Patienten fehlte die Führungskraft im Gehen.

Die bisher beschriebenen Störungen des Gleichgewichts beim Aufrichten, des Stehens, des Gehens, des Sich-Verbindens-mit-der-Erde und Sich-im-Raum-Erlebens können zusammenfassend charakterisiert werden als ein Mangeln der Fähigkeit, sich in die Schwerkraft hineinzustellen. «Gehen ist ein Überwinden der Schwerkraft», sagt Rudolf Steiner. «Indem wir ein Bein heben zu einem Schritt, fügen wir uns in die Schwerkraft hinein» (Vortrag vom 26. November 1922, GA 219). Bei Patienten, die sich nicht richtig in die Schwerkraft hineinstellen können, die umkippen, wenn sie ein Bein heben, war dieses Symptom meistens mit Angst verbunden; in der Heileurythmie wurde sie daran sichtbar, daß die Betreffenden nicht rückwärts schreiten konnten.

Dieses bei Borderline-Störungen so sehr im Vordergrund stehende Symptom der Angst, die in der Heileurythmie sich äußernde Unfähigkeit, den hinteren Raum zu ergreifen, könnte man als einen Verlust der Beziehung zum Engel bezeichnen.

Für mich entstand an der Wahrnehmung des Verlustes des hinteren Raumes wiederholt die Frage: Wie steht diese Angst in Beziehung zum ungenügenden Überwinden der Schwerkraft beim Gehenlernen in der frühen Kindheit? Wie kann man beim erwachsenen Menschen bewußt nachholen, was sich in der Entwicklung des Kindes ungenügend vollzogen hat?

In seinem bereits zitierten Vortrag vom 26. November 1922 sagt Rudolf Steiner weiter: «Wie wir es hier auf der Erde mit unserem Gewicht zu tun haben, haben wir es dort [in der geistigen Welt] zu tun mit dem, was an Sympathiekräften mit unserem eigenen menschlichen Wesen von den einzelnen Wesen der höheren Hierarchien ausgeht.»

In der Heileurythmie arbeiten wir bewußt an allem, was mit unserem «Gewicht» zu tun hat, indem wir uns beim dreiteiligen Schreiten in jeder Phase des Schrittes unsere Beziehung zur Erde klarmachen: sich willenhaft von der Erde lösen und sich abstemmen gegen die Erde; sich frei dahin bewegen, wo unser Ziel liegt; sich fühlend wieder mit der Erde verbinden. In den Übungen, die uns eine bessere Raumorientierung geben, wird ein sicherer Stand erarbeitet. Besonders wichtig ist die Übung «A-Verehrung», die uns in den für unser Tagesbewußtsein unbekannten, finsteren und beängstigenden Raum hinter uns führt. Dieser Raum kann erhellt werden, indem wir wieder eine Beziehung zu dem Engel finden und die Sympathiekräfte des Engels mit unserem eigenen menschlichen Wesen entgegennehmen lernen, indem wir selber in der Heileurythmie Gesten der Sympathie und Antipathie üben.

Sprechen
(Atmung, Gestik, Kommunikation)
Erscheinungsbilder der Störungen im Sprechen

Das Bild, das uns bei der Frage nach dem Sichtbarwerden der Sprachentwicklung in der Bewegung entgegentritt, ist vielfältig, läßt sich aber schließlich auf zwei Grundgebärden zurückführen: einatmende und ausatmende Gebärden, in der Eurythmie «Ballen und Lösen» genannt.

Ballen

Frau C. sitzt zusammengekauert auf der Treppe – so weit wie möglich von meiner Tür entfernt. Wenn sie hereinkommt, wendet sie den Kopf ab, bei der Begrüßung zieht sie die Hand zurück, stützt sich an die Wand und spricht bei den Übungen eine halbe Stunde lang kein

Wort. Wenn ich eine Frage stelle, reagiert sie mit merkwürdigen drehenden Bewegungen ihrer Hände, wobei die Finger spinnenartig gekrümmt und verkrampft sind. In allen Gesten wirkt sie verspannt, gestaut, überanstrengt (sie hatte gerade über längere Zeit eine Kranke gepflegt). Ich ging sehr behutsam mit ihr um, weil ich den Eindruck hatte, daß sie wie ein zu stark aufgeblasener Luftballon jeden Augenblick platzen konnte. Als ich sie aber gleich nach der Heileurythmie einmal an der Pforte sah, wo sie ein Päckchen aufgab, sprach und bewegte sie sich ganz normal, benahm sich ganz «gelöst», obwohl sie gerade vorher total «geballt» gewesen war.

Ballen und Lösen

Frau G. wirkte in ihren Bewegungen eigentlich ganz unauffällig, nur etwas gestaut und eher überaktiv; sie war bewegungsbegabt und hatte Freude an der Bewegung: in der Eurythmie, in der Bothmer-Gymnastik und beim Volkstanz – ihre Gesten waren gefühlvoll, schön und hatten Aussagekraft. Eines Tages fragte sie mich, was ich denn an ihren Gebärden in der Eurythmie «ablesen» könne, und ich machte den Fehler, ihr zu sagen, daß ihre Bewegungen ausdrucksvoll und eigentlich ganz «gesund» seien. Der behandelnde Arzt erzählte mir daraufhin, daß ihre Mutter ihr auch immer gesagt habe, daß sie gesund aussehe. Kurz danach zeigte sie ein völlig anderes Bewegungsbild: lustlos, schlaff, ein Gesichtsausdruck der Langeweile, des Nichts-mit-sich-anfangen-Könnens (innere Leere). War sie in der Gruppeneurythmie zuerst eine Stütze gewesen, so saß sie nun oft und schaute zu oder verließ während einer Übung den Raum. Aus dieser Unluststimmung heraus brach sie bedauerlicherweise zu früh die Behandlung ab. Einige Zeit danach berichtete ein Mitpatient betroffen, daß sie gerade einen Suizidversuch knapp überlebt habe, darüber aber so leichtfertig und distanziert schreibe, als ob es einen Fremden beträfe. Hier zeigte sich wieder der bei ihr so typische Stimmungswechsel: «In sich hinein – aus sich heraus».

Bei Frau E., die auch nur wenige Wochen da war und sich dann entschloß, lieber in ein Meditations-Zentrum ins Ausland zu reisen, habe ich nur die Gesten des völligen Leerseins und Ausgebranntseins wahrnehmen können. In den Armen und Händen war gar keine Ausdruckskraft mehr, sie baumelten leblos, wie bei einer schlaffen Lähmung am Körper herab, ihre Gesten waren «sprachlos» geworden – obwohl man sich mit ihr ganz normal unterhalten konnte. Sie hatte ein Studium erfolgreich absolviert, war aber jetzt völlig leer, ausgelaugt.

«Frühkindliche Bewegungsabläufe»
im Erwachsenenalter

Muster dieser Art habe ich zuerst bei Frau F. entdeckt und dann in der Beobachtung von kleinen Kindern, die gerade anfangen zu rennen und aus plötzlichen Impulsen auf alles zugehen, wiedergefunden – in einem Alter, wo spontanes Agieren und Reagieren normal sind, während dasselbe beim Erwachsenen befremdend wirkt. Ein kleines Kind reagiert sofort mit Bewegungen, wenn etwas in der Umgebung geschieht – es sind vom Bewußtsein nicht gesteuerte, plötzlich einschießende Bewegungen, die etwas zum Ausdruck bringen, was noch nicht verbalisiert werden kann. Bei der zweijährigen Anne entzückt die Gebärdensprache, mit der sie zeigt, daß sie die Tür nicht aufmachen kann, aber wenn ein erwachsener Mensch drehende Bewegungen mit den Händen macht, statt zu antworten (Frau C. im genannten Beispiel für «Ballen»), könnte man vermuten, daß eine Störung in der Sprachentwicklung vorliegt, denn das Bewegungsbild erinnert an das kleine Kind, bevor es sprechen gelernt hat.

Wenn ich aus meiner Tür trat, wo mich Frau F. erwartete, sprang sie immer vom Stuhl auf; sie konnte aus einem unbewußten Impuls heraus auf etwas zurennen, immer etwas abgehoben lächelnd, den Kopf dabei etwas schief haltend – kindlich-fragend. Alle Bewegungen waren ein bißchen überschießend, nicht genügend vom Bewußtsein durchdrungen. Der Gang war etwas unbeholfen, schwer, aber doch fest.

Auch Frau H. hatte etwas Kindliches in ihren Bewegungen. Sie stand immer in eine Ecke gedrückt vor meiner Tür, und wenn ich öffnete, sprang sie vor Schreck auf und zitterte am ganzen Körper. Wenn es ihr schlecht ging, saß sie auf ihrem Bett und war ganz von Puppen umringt, die sie selber gemacht hatte. Sie war so übermäßig ängstlich, daß sie kaum fähig war, eine Übung mitzumachen; in der Heileurythmie benahm sie sich immer wie ein Kind, das fürchtet, Strafe zu bekommen, wenn es etwas nicht richtig macht. Zu meinem Erstaunen lernte ich dann beim Fasching ihre ganz «normale» Seite kennen: sie konnte gut tanzen, war ganz gelöst und bot mir ein Getränk an – war Gastgeberin!

Sowohl bei Frau F. wie auch bei Frau H. war der Wechsel zwischen kindlicher Gebärdensprache und den Gebärden eines Erwachsenen auffallend.

Schwache Ausdruckskraft in Laut- und Seelengesten.
Unbewußte Gesten als Ersatz für Sprechen

Bei den meisten Borderline-Patienten ist die Ausdruckskraft für Gefühle sehr instabil. Herr K. hatte sehr ausdrucksvolle Gebärden, wenn er gut aufgelegt war, aber seine Fähigkeit, dauerhaft in die Gebärde einzusteigen, war so gering, und er konnte so wenig mit sich anfangen, daß eine Eurythmie-Ausbildung nicht in Frage kam; es fehlte die Kontinuität im Ausdruck.

Ebenso konnte Frau C. ausdrucksvolle und strömende Bewegungen machen, sie kam aber selten in das Laut-Erleben hinein, weil sie fast immer damit beschäftigt war, durch groteske Gebärden zu zeigen, daß es ihr schlecht ging. Als ich sie später nach diesen Gebärden fragen konnte, sagte sie: «Haben Sie denn nicht verstanden, daß ich damit sagen wollte, daß es mir schlechtging?»

Frau A. war meistens schlaff und lustlos in den Laut- und Seelengesten, aber sie gab ständig durch unbewußte Gesten zu verstehen, daß
es ihr nicht gutging. Als diese Gesten später bewußt gemacht wurden,
kam sie besser in die eurythmischen Gebärden hinein, und sie wurden
ausdrucksvoller. Die bewußt geführte Gebärdensprache bekam die
Überhand über die unbewußt einschießende.

Als Frau D. mir zum ersten Mal gegenübersaß und ich mit ihr den
Laut B machte (sie kannte die Heileurythmie schon aus der Klinik, in
der sie wegen ihrer somatischen Beschwerden behandelt worden war),
machte sie die Geste nach, öffnete dann aber einen Spalt zwischen
Zeige- und Mittelfingern und starrte mich durch diese Öffnung so an,
daß ich meinte, es mit einer akuten Psychose zu tun zu haben. Sie
sagte dazu: «Ich muß erstmal meine Jalousien ein bißchen aufmachen.» In den darauffolgenden Wochen konnte sie sich auf keine
Lautgebärde einlassen, ohne zu sagen, daß die vorige Heileurythmistin sie anders gemacht habe – sie widersprach meiner Anweisung zu
dem Laut nicht, gab aber zu jeder Übung ihren Kommentar, wollte
immer wissen, warum und wozu, und kam dadurch gar nicht ins
Erleben der Eurythmie hinein. Mein Vorschlag, einfach mitzumachen
und erst danach darüber zu sprechen, weckte nur Empörung: «Bei
meiner vorigen Behandlung hat der Arzt gesagt, daß ich alles sofort
aussprechen muß!» Vor der zweiten Heileurythmie-Epoche wurde ihr
von ärztlicher Seite als Bedingung gestellt, bei den Übungen nicht zu
reden. Dann kam sie endlich in die Lautgebärden hinein, und es
wurde allmählich eine Zusammenarbeit möglich. Frau D. war schon
durch zu viele Therapien hindurchgegangen; sie zeigte ein «einge-
trichtertes» Verhalten anstelle eines selbstsicheren Sich-Einlassens auf
das Erleben.

Ballen

Zusammenfassend könnte man sagen: Es gibt Borderline-Zustände,
bei denen die Wortsprache zurückgehalten und die «sichtbare Sprache» der Eurythmie verhindert wird, weil diese Patienten damit be-

schäftigt sind, durch unbewußte Gesten ihre Gefühle zum Ausdruck zu bringen – diese Gesten zeigen eine primitive Vorstufe der Sprache.

Lösen

Es gibt andere Zustände, in denen alles zerredet wird und dadurch ein so starkes Ausfließen-in-Worte stattfindet, daß keine «sichtbare Sprache» möglich ist; oder in denen das Gefühl von Unlust und Leere es unmöglich macht, sich um die Gebärden der Eurythmie zu bemühen und in sie einzusteigen.

Beide Zustände können sich auch abwechseln und zeigen wieder die Atemgebärde: «In sich hinein – aus sich heraus». – Ballen und Lösen.

Frau G. zeigte im Verlauf einiger Wochen beide Zustände. Man könnte es «seelische Atemstörungen» nennen:

Diejenigen Patienten, die zu viele Eindrücke aufgenommen und nicht verarbeitet haben, sie nicht verwandeln konnten, sind geladen, schweigsam, in der Eurythmie quellen sie vor überschießenden, oft theatralen Ausdrucksgesten über; sie haben zu viel «Luft», die sie nicht loswerden können, sie können jeden Augenblick explodieren; es ist fast wie ein «seelisches Asthma», ein seelisches Nicht-ausatmen-Können.

Diejenigen Patienten, die sich zu sehr verausgabt haben oder im Leben keine spirituellen Inhalte aufnehmen konnten, sind innerlich leer, haben Langeweile, können nichts mit sich anfangen. Ihre Laut- und Seelengesten in der Eurythmie sind schlaff, ausdruckslos, nicht sprechend, sie können sogar «automatisch» werden, wenn der Zustand in eine Psychose überzugehen droht. Bei diesen Patienten, die an «innerer Leere» leiden, wird sichtbar, was Rudolf Steiner vor fast 90 Jahren voraussagte in den Vorträgen «Glaube, Liebe, Hoffnung»: Wenn diese drei Kräfte nicht genügend entwickelt werden, werden wir in Zukunft Menschen herumgehen sehen, die nichts mit sich anfangen können.

Der dritte Typus der Borderline-Störungen zeigt einen ständigen

47

Wechsel zwischen diesen beiden extremen Zuständen und ist wohl der am häufigsten vorkommende. Diese Patienten kommen unter Umständen jedesmal in einem anderen Zustand und mit anderen Beschwerden zur Heileurythmie: mal bis zum Explodieren geladen und dadurch unfähig, das Erleben eines Lautes aufzunehmen (wie Frau D. und Frau C.), mal schlaff, lustlos, leer und ohne Kraft, den Laut aufzunehmen, sich auf eine Geste einzulassen. Alle drei Zustände machen es den Patienten unmöglich oder zumindest sehr schwer, in die Eurythmie einzusteigen. Gelingt es ihnen dennoch, so zeigt sich, wie sehr gerade diese Möglichkeit, eine «sichtbare Sprache»* zu erleben, von ihnen gebraucht wird; denn bei allen liegen Sprach- und Atemstörungen vor – wenn man die Worte «Sprache» und «Atem» im weitesten Sinne faßt.

Das Wesentliche in allen oben beschriebenen Erscheinungen scheint mir darin zu bestehen, daß unsere Aufmerksamkeit auf eine Entwicklungsstörung im Alter des Sprechenlernens gelenkt wird und wir erkennen, daß bei allen Borderline-Patienten Sprach- und Atemstörungen dieser Art vorliegen. Diese Wahrnehmung kann uns zu vielen Fragen an der Entwicklung im frühen Kindesalter führen: Hat die Sprache sich nicht durch die Entwicklung des Denkens verwandeln können, lasten viele Erlebnisse undurchdacht auf der Seele (dem Atem)? Oder hat das Sprechen sich ausgebildet, bevor das Gehen erlernt wurde, das heißt ohne die notwendige Grundlage?

In der Heileurythmie können alle Atemübungen sehr hilfreich sein, weil sie diese Polaritäten zum Erlebnis bringen und die ausgleichende Mitte dazwischenstellen. Die seelischen Übungen Hoffnung-U, Liebe-E und A-Verehrung waren besonders wichtig für Patienten, die sich nicht aussprechen konnten. Aber auch andere Seelengesten wie Trauer, Heiterkeit, Innigkeit und Andacht ermöglichen es, Gefühle in objektiver Weise zu äußern, so daß inadäquate und verzerrte Aus-

---

* «Eurythmie als sichtbare Sprache» nannte Rudolf Steiner den Kurs in Laut-Eurythmie, den er vom 24. Juni bis 12. Juli. 1924 in Dornach gehalten hat.

drucksgesten unnötig werden – es entsteht eine neue, verwandelte «Sprache». Eine so einfache und grundlegende Übung wie «Ballen und Lösen» der Arme und Hände macht Polaritäten bewußt.

Die Polarität der Laute S (starke formende Kraft) und H (auflösende Tendenz) und dazwischen das M (abmildernde, vermittelnde Kraft) bilden die von Rudolf Steiner gegebene Lautreihe S M H M. In der Arbeit mit Borderline-Patienten stand diese Übung im Zentrum der heileurythmischen Behandlung.

In der Toneurythmie verhalf das Erleben von Dur und Moll mit der Dissonanz am Ende der Epoche dazu, die einzelnen Stimmungen zu objektivieren; es bedurfte der Überwindung, um im Gestalten der Dissonanzen die Zerrissenheit beherrschen zu lernen. Die Dissonanz wurde besonders gerne geübt.

Anhang zum Kapitel «Sprechen»:
Atmen

Die am meisten auffallende und häufig vorkommende «Atemstörung» ist ein «Ballen und Lösen» in den äußersten Extremen – wie man in der Eurythmie die Farben Schwarz und Weiß darstellt – im Verhalten dieser Patienten.

Frau L. kam immer von Kopf bis Fuß schwarz gekleidet; in engen Leggings und die schwarze Kapuze über den Kopf gezogen, saß sie vornübergebeugt, den Kopf über den Knien. Mein erster Eindruck war, daß sie eine farbige Aufhellung bräuchte, um aus dieser schwarzen Stimmung herauszukommen. Wir übten die Gegensätze Schwarz – Weiß in der eurythmischen Bewegung in höchster Steigerung und mit allen Farben dazwischen – besonders wichtig war das Grün, die Farbe der ruhigen Mitte, die immer am Ende der Übung stand. Im Erleben dieser polaren Gegensätze – objektiviert aus der inneren Seelenstimmung – konnte Frau L. nach wenigen Wochen aussprechen: «So sind meine Stimmungsschwankungen auch, und die wechseln manchmal öfter am Tag.» Nachdem wir geübt hatten, uns ganz zusammenzuballen und ganz zu weiten, erinnerte sie sich: «Früher, als Kind, als ich im Bett war, fühlte ich mich mal ganz klein, mal ganz groß wie ein Luftballon.» Auch die Lautreihe S M H M mit ihren starken Polaritäten fand sie genau zu ihren wechselnden Stimmungen passend, und sie empfand die ausgleichende Mitte des M als besonders wohltuend.

Denken
(Aufmerksamkeit, Konzentration, Zielsicherheit)
Erscheinungsbilder der Störungen im Denken

In der eurythmischen Bewegung drückt sich nur wenig aus, was Aufschluß über das Denken der Patienten geben kann, da dieses viel tiefer verborgen liegt und sich spärlicher in Gestik äußert als das Sprechen.

Konzentrationsschwäche wird daran «sichtbar», daß die sich wiederholenden Gebärden ausdruckslos werden und fast automatisch ablaufen; der Blick schweift ab zum Fenster: die Wahrnehmungen sind auf die Außenwelt gerichtet. Das Hier-und-jetzt-anwesend-Sein bei den Übungen – die Geistesgegenwart – fehlt bei fast allen Borderline-Patienten. Oft sind die Gedanken noch mit der vorangegangenen Therapie oder Visite beschäftigt, das kann Stunden, ja Tage lang anhalten.

Kontinuität

Frau L. kam schon seit mehreren Wochen in die Heileurythmie, aber ich mußte ihr jede Übung jedesmal neu erklären, als wenn wir sie noch nie gemacht hätten. Als ich meine Verwunderung darüber zum Ausdruck brachte – denn sie ist hellwach und intelligent –, sagte sie: «Ich habe keine Kontinuität.» Auch bei anderen Patienten fiel es mir auf, daß man kaum auf vorher Geübtes aufbauen kann, keinen roten Faden anknüpfen kann an Vorangegangenem.

Zusammenschau verschiedener Aspekte

Beim Üben eines Lautes sagte Frau D. öfter vorwurfsvoll: «Das B (oder M) macht meine frühere Heileurythmistin ganz anders.» Es fiel ihr schwer, sich den einzelnen Laut B unter verschiedenen Aspekten vorzustellen. Aus dem gleichen Grund sagen Patienten häufig: «Das haben Sie mir letztes Mal ganz anders vorgemacht», als wäre das ein Widerspruch. Es ist dann hilfreich, einen Laut in seiner Vielgestaltigkeit zu üben, möglichst viele Vorstellungen nebeneinander zu geben, alles als Teilaspekte einer großen Ganzheit anzuschauen.

«Gedankenkreisen»

Das Kreisen der Gedanken ist ein Symptom, unter dem viele Patienten leiden. In der Eurythmie wird es wieder sichtbar am Blick, der Nicht-anwesend-Sein ausdrückt, welches auch die Gebärden leer und ausdruckslos wirken läßt. Solch ein Kreisen ist nur durch starke Lauterlebnisse, Konzentrationsübungen mit Klatschen und Stampfen oder Stabwerfen in wechselnden Rhythmen zu unterbrechen.

Frau L. machte oft, während sie mitten in einer Übung war, plötzlich mit der linken Hand eine abweisende Bewegung nach hinten und sagte: «Da sitzen sie wieder!» Für sie waren immer Personen «anwesend», mit denen sie gerade in Konflikt stand, und zwar nicht nur im Sinne einer Halluzination – sie konnte diese Personen nicht aus ihren Gedanken verbannen, sie auch während der Übung nicht vergessen.

Auffassungsvermögen

Das Auffassungsvermögen dieser Patienten könnte gut sein, da die meisten von ihnen überdurchschnittlich viel wahrnehmen, ja überwach sind, aber es fällt ihnen schwer, das Wesentliche vom Unwesentlichen zu unterscheiden. So kann beispielsweise eine kleine Zwischenübung mit G, um den Gegensatz zum B zu verdeutlichen, Anlaß werden, immer wieder zu sagen: «Wir müssen das G noch üben!»

Verständnis

Ich frage mich oft, inwieweit die Patienten das, was sie aufnehmen, auch verstehen. Frau A. konnte jede Geste gut nachahmen, hatte auch Geschicklichkeit, aber kein Verständnis für das Wesen einer Seelengeste; die Hände betrachtete sie eher als Instrument, nicht als Ausdrucksmöglichkeit: «Soll ich meine Hände so oder so drehen, um in den hinteren Raum hineinzukommen?»

*

Welche Hinweise geben diese Beobachtungen für die Therapie?

In der Heileurythmie habe ich versucht, diese Patienten selber bestimmen zu lassen, wie oft eine Übungsgeste oder Lautgeste ausgeführt wird, und habe es nicht öfter machen lassen, als es ihnen mit voller Aufmerksamkeit möglich war. Auch das Tempo im Bilden des Lautes und die Zeit des Loslassens zwischen den Lauten bestimmten die Patienten selber. Ich spreche den Laut in ihre Bewegung hinein und bestimme nichts durch meine Sprache. Das ist natürlich erst möglich, wenn ich schon eine Zeitlang die Laute mitgemacht habe und unter der Voraussetzung, daß das eigenständige Ausführen den Patienten nicht überfordert. Wird diese Entwicklung zum selbständigen Üben behutsam vollzogen, so kann bald mit voller Aufmerksamkeit geübt werden, und die Gebärden werden sichtbar von Gedanken durchdrungen, es entsteht Bewußtsein im Gefühlsausdruck der Vokale und in der Formensprache der Konsonanten.

Eine sehr wesentliche Angabe von Rudolf Steiner kann bewußtes Denken in die Bewegungen hineinbringen. Er gibt im Heileurythmie-Kurs für das Üben aller Konsonanten an, daß man sich dabei ein inneres Bild von sich selber in der Bewegung machen muß, sich selber gleichsam «abfotografieren» muß. In der Arbeit mit den Patienten nenne ich es die «Aufmerksamkeit», mit der man innerlich die Formen, die man bildet, wahrnimmt, ohne mit den Augen hinzuschauen. Dazu kann man zum Beispiel ein B hinter dem Rücken ausführen lassen, wobei man sich in jedem Augenblick des Entstehens und Ausklingens ein Bild von der eigenen Bewegung machen muß. Indem man die Aufmerksamkeit in jeden Finger hineinschickt, spürt man sofort, ob man den Laut mit abgespreiztem Daumen oder kleinem Finger macht – was so oft fehlendes Bewußtsein in den Händen zeigt. Solche falschen Gewohnheiten im Bilden der Laute, wie auch das Knipsen mit den Fingern oder die Neigung, alles durch gespreizte Finger «wegfließen zu lassen», korrigieren sich dann von selber – von innen heraus aus dem Bild, das der Patient sich von sich selber macht, und ich brauche nie von außen den Menschen eine Korrektur aufzuerlegen. Auch selbständiges Umgehen mit den Übungen wird dadurch angeregt, und das ist bei Menschen mit Borderline-Störungen sehr wichtig, denn die Fähigkeit des Übens mangelt ihnen fast allen.

Beispiele aus der Praxis

Bei Frau M. fiel mir zum ersten Mal auf, daß der automatische Ablauf der Bewegungen auf fehlende Aufmerksamkeit hindeutet. Als ich sie darauf hinwies, reagierte sie mit Wut und Ablehnung; sie fühlte sich «wie entkleidet» und war nicht bereit weiterzumachen. Sie suchte Zuflucht in der Gruppeneurythmie bei einer meiner Kolleginnen und bat darum, bei ihr die Heileurythmie fortsetzen zu dürfen.

Auch bei Frau A. war ich zunächst nicht erfolgreich. Die Konfrontation mit dem Bild der eigenen Bewegung führte auch zu einer Konfrontation mit all ihren unbewußten Sprachgesten im Alltag – zum Beispiel ihrer Gewohnheit, sich mit dem Handrücken über den Kopf zu wischen, um zu zeigen, daß sie Kopfschmerzen hatte; sich an die Wand zu lehnen, um zu zeigen, daß ihr die Kraft fehlte; plötzlich umzukippen, um ihren Schwindel zum Ausdruck zu bringen. Von ärztlicher Seite wurde sie auf ihren ausweichenden Blick und die

Haarvorhänge vor den Augen aufmerksam gemacht, aber wir mußten die Bewußtmachung ihres Bewegungsbildes noch längere Zeit zurückstellen, weil sie sich in eine Psychose hineinzuflüchten drohte, so wie sie ein Jahr zuvor in Schmerzempfindungen und somatische Beschwerden geflüchtet war. Erst in der vierten Epoche der Heileurythmie war die Vertrauensbasis so gewachsen, daß eine echte Zusammenarbeit mit ihr entstehen konnte.

In den Bewegungen ist selten eine von innen nach außen gehende Zielrichtung zu sehen. Mit Frau A. habe ich schon in der zweiten Heileurythmie-Epoche viel das I geübt, aber die Gesten wurden nur nachgemacht und noch nicht von innen empfunden, sie hatten noch keine Ausstrahlung.

Was kommt in der fehlenden Aufmerksamkeit bei den Übungen zum Ausdruck?

Mangelnde Aufmerksamkeit ist in den meisten Fällen von Borderline-Störungen mit der Unfähigkeit zu selbständigem Üben verbunden. Einerseits sind die Gedanken vielfach von dem in Anspruch genommen, was gerade war, und von dem, was unmittelbar bevorsteht – es ist keine «Geistes-Gegenwart» vorhanden. Andererseits fehlt den Gesten offenkundig jene Besonnenheit, Würde und Überlegenheit, in der sich ein gesund entwickeltes Denken ausdrückt.

Auch in dem gestörten Wärmehaushalt kommt zum Ausdruck, daß die Kraft fehlt, sich für einen Gedanken zu erwärmen, zu «begeistern»; oder es ist diesen Patienten nur möglich, sich ganz flüchtig, impulsiv und ohne Ausdauer sich einem Gedanken zuzuwenden; sie können ihn nicht festhalten und sich im Leben danach richten.

Die fehlende Richtung, die Unfähigkeit, sich ein Lebensziel zu setzen, wird besonders bei der großen I-Übung sichtbar, die deshalb auch erst Endziel einer langen Heileurythmie-Behandlung sein kann. Auch im Abschreiten einer geraden Linie vor- und rückwärts (Ich-Linie) zeigt sich, wie schwer es diesen Patienten fällt, gerade auf ein Ziel zuzuschreiten. Das gleiche zeigt sich im Laufen von geometrischen Formen; es fehlt die Möglichkeit, eine Form in ihren Zusammenhängen zu überblicken, bevor die Bewegung beginnt; eine Art Vorschau zu machen, anstatt ohne Plan gleich loszulegen und dann mittendrin nicht weiterzuwissen. Es fehlt auch der «rote Faden» im Ablauf der Heileurythmiestunde: manchmal hatte ich den Eindruck, jedesmal von neuem anfangen zu müssen, weil ich auf nichts vom vorigen Mal aufbauen konnte – je nach den Geschehnissen des Tages war die Verfassung des Patienten von Mal zu Mal völlig anders, und diese wechselnden Zustände konnten leicht dazu verleiten, immer wieder eine andere «Symptombehandlung» zu beginnen, anstatt konsequent am Kern der Störung weiterzuarbeiten.

Bei Frau C., die mindestens einen Kopf größer war als ich, mußte ich immer ermutigend hinter- oder nebenhergehen, sie anregen, mitnehmen und innerlich in den Aufgaben begleiten. Auch bei ihr fehlte, wie im vorigen Kapitel beschrieben, das Vertrauen in eine geistige Führung – in einen Engel, der hinter uns steht und uns ermutigend sagt: «Du kannst das.» Vertrauen in eine geistige Welt kann durch die vorher genannte Übung der A-Verehrung entstehen, und der Heileurythmist kann dann gegenüberstehen, ohne Wegbegleiter sein zu müssen.

Zusammenfassung der Erfahrungen und daraus entstandene Therapie-Vorschläge

Aufgrund der bisherigen Erfahrungen (besonders mit Frau A., die über ein Jahr in Behandlung war) wäre für die Behandlung von schweren Borderline-Störungen in der Heileurythmie ein Zeitraum von einem Jahr wünschenswert. Die in der klinischen Behandlung begonnenen Übungen können natürlich ambulant weitergeführt werden, was bei diesen auf frühe Entwicklungsstörungen zurückgehenden Erkrankungen nötig ist, weil sie sehr tief sitzen und für die Therapie schwer zu erreichen sind.

- Der Tag-Nacht-Rhythmus ist wichtig für das Ich, das im Wachen mit dem Astralleib in Ätherleib und physischen Leib eintauchen und im Schlafen aus ihnen auftauchen kann. Der Schlaf-Wach-Rhythmus ist bei den meisten Borderline-Patienten gestört. Wenn wir die Patienten am Anfang der Behandlung täglich in der Heileurythmie haben, können wir am stärksten auf das Ich wirken. Am besten wäre morgens zum Aufwachen und abends zum Einschlafen eine Übung.
- Im Wochenrhythmus lebt der Astralleib, der mit den Sternenkräften in Beziehung steht. Die Siebenzahl der Tage durch einen Zeitraum von sieben Wochen ist das ideale Zeitmaß für die Wirkung der Übungen auf den Astralleib; das ideale Maß für eine Heileurythmie-Epoche, wenn es um Störungen im Astralleib geht.
- Im Monatsrhythmus lebt der Ätherleib, der mit den Mondenkräften am meisten verbunden ist, die auch im Pflanzenwachstum wirken; in Ebbe und Flut; beim Menschen besonders im Monatszyklus der Frau. Die Pausen zwischen den Heileurythmie-Epochen dauern im Idealfall einen Monat, es prägen sich die Übungen, indem sie «vergessen» werden, tiefer in den Ätherleib ein. Nach dieser «schöpferischen Pause» hat sich vieles gefestigt, und man kann darauf weiter aufbauen.
- Im Jahresrhythmus zeigt sich die Wirkung einer Therapie erst im Physischen. Der physische Leib lebt im Jahresrhythmus. In der klinischen Behandlung ist deshalb das gemeinsame Feiern der Jahresfeste auch ein wichtiger Bestandteil der Therapie, wie auch das Erleben des Jahreskreislaufes in der Natur, das in der Gruppeneurythmie das Hauptthema ist.

Bei Frau A. war es erst in der 4. Heileurythmie-Epoche (nach fast einem Jahr Behandlung) möglich, an ihrer unbewußten Gebärdensprache zu arbeiten. Ein entsprechender Versuch in der 3. Epoche hatte fast eine Psychose hervorgerufen.

Der Heileurythmist braucht sehr viel Geduld, um bei den «frühen Störungen» an das Wesentliche heranzukommen.

Entwurf eines vier Heileurythmie-Epochen umfassenden Therapie-Plans für Patienten mit Borderline-Störungen

1. Epoche (7 Wochen) – Übungen für Aufrichten, Stehen, Gehen und Raumerleben:
Stabübungen, besonders die siebenteilige, die zwölfteilige und den Wasserfall. dreiteiliges Schreiten (auch mit begleitenden Armbewegungen), dabei immer im Bewußtsein haben, wie in den drei Phasen die Beziehung zur Erde ist. Ich-Linie: vor- und rückwärtsschreiten; den hinteren Raum erleben. Wechsel von geraden und runden Formen: aktiv rückwärts, passiv vorwärts, dann mit dem Kreis willenhaft umfassen. Die ersten vier seelischen Übungen: am Anfang der Epoche Ja/Nein und Sympathie/ Antipathie; in den letzten Wochen die mit Seelengesten verbundenen Vokale Liebe-E und Hoffnung-U. Am Ende der Epoche Einführung in die fünf Vokale. U-Übungen mit den Füßen im Stehen und im Sitzen.

—

Mindestens vier Wochen Heileurythmie-Pause, in dieser Zeit Bothmer-Gymnastik.

—

2. Epoche (7 Wochen) – Atemübungen, Vokale, Beziehung Ich und Welt:
Stabübungen: besonders die Spirale.
 Ballen und Spreizen als Vorübung zur vokalischen Atemübung AEI IOU; oder als musikalische Atemübung: Moll-Dur bis zur Dissonanz führen. In den Vokalen erleben lassen: «Wie stehe ich in Beziehung zur Welt?» (staunend im A, sich abgrenzend im E zum Beispiel). Die Atemübungen der seelischen Übungen Ja/Nein, Hoffnung-U. Seelengesten in Polaritäten: Trauer/Heiterkeit, Verzweiflung/Hoffnung, Haß/ Liebe. In der zweiten Hälfte der Epoche eventuell die seelischen Übungen, die mehr mit dem Physischen in Verbindung stehen: Migräne-B, Kopfschüttel-M und rhythmisches R, die als Dreier-Gruppe den ganzen dreigliedrigen Menschen umfassen (was sichtbar wird im Beugen der

Beine, Beugen des Kopfes, Beugen des Rumpfes) und abschließend, das Vorangegangene bekräftigend, das Geschicklichkeits-E.

Eine große Vokal-Übung, die individuell verschieden sein kann; oder die große I-Übung vorbereiten.

—

Dann wieder vier Wochen Heileurythmie-Pause und Bothmer-Gymnastik.

—

3. Epoche (7 Wochen) – Bewußtwerden der Gesten (Konsonanten) und soziale Übungen:
Die Geometrie des Körpers kennenlernen. Geometrische Formen, wie Pentagramm, als Raumform abschreiten. Konsonanten (z.B. als Evolutionsreihe; anregende oder beruhigende Reihe). Üben einzelner Konsonanten und sich dabei «ein Bild von sich selber machen in der Bewegung». Aufmerksamkeit üben. Die sogenannten «sozialen» Übungen, die seelischen Übungen, die zu zweit ausgeführt werden, O im Raum und E im Raum. In der zweiten Hälfte der Epoche die letzten zwei seelischen Übungen HA (eurythmisches Lachen) und AH (A-Verehrung), die erste als aufweckende Morgenübung, die zweite als lösende Abendübung, da sie in den hinteren Raum hineinführt, zum Geistigen erhebt. Große I-Übungen zur Stärkung der Persönlichkeit.

—

Heileurythmie-Pause

—

4. Epoche mit dem Ziel, zum eigenständigen Umgehen mit den Übungen anzuleiten; Festigung des bisher Geübten. Individuelle Übungen. Große I-Übung. Rückblick auf die bisher geübten Übungen: welche dieser drei Übungsgruppen ist am wichtigsten? Es könnte auch nochmals ein Durchgang durch alle zwölf seelischen Übungen gemacht werden oder durch die Evolutionsreihe.

Literatur

Steiner, Rudolf: Gesamtausgabe (= GA). Rudolf Steiner Verlag, Dornach/Schweiz.
Glaube, Liebe, Hoffnung – drei Stufen des menschheitlichen Lebens. Zwei Vorträge,
Nürnberg 2. und 3. Dezember 1911. Einzelausgabe 1987. Aus:
GA 130 *Das esoterische Christentum und die geistige Führung der Menschheit.* 4., neu
durchgesehene Auflage 1995.
GA 219 *Das Verhältnis der Sternenwelt zum Menschen und des Menschen zur Sternen-welt.* Vortrag vom 26. November 1922. 6., ergänzte Auflage 1994.
GA 279 *Eurythmie als sichtbare Sprache.* Laut-Eurythmie-Kurs. 5. Auflage 1990.
GA 315 *Heileurythmie.* Vortrag vom 13. April 1921. 4. Auflage 1981.

Henriette Dekkers

Grenzgänger zwischen Himmel und Erde Borderline: Eine Inkarnationsstörung der Seele auf dem Wege zur Welt

Einleitung

Bezüge zu früherer Forschung

Dieser Aufsatz stellt den Versuch dar, die gängigen diagnostisch-therapeutischen Ansätze auf dem Gebiet der Borderline-Störungen aus dem Blickwinkel geisteswissenschaftlicher Forschung und durch anthroposophisch-klinische Erfahrungen zu erweitern.

So wird zunächst DSM IV und ICD* als Grundlage vorausgesetzt, dessen diagnostische Kriterien beispielhaft die Symptomatik, das Funktionsniveau sowie die innerseelische Dynamik einer Person erfassen, die zur Diagnose «Borderline-Persönlichkeitsstörung» führen können.

Für die theoretischen und therapeutischen Grundlagen wird implizit an verständnisvolle und gewissenhafte Forschungs- und Therapieansätze aus der psychoanalytisch-existentiellen Schule angeknüpft, im Rahmen derer viele hervorragende Fachgenossen Grundlegendes zum Verständnis der Borderline-Störung beigetragen haben. Insbesondere werden die Forschungen von J. Bowlby, O. Kernberg, H. Kohut und M. Mahler vorausgesetzt. Hinsichtlich des psychotherapeutischen

---

* DSM IV = Diagnostic and Statistical Manual of Mental Disorders, 4. Auflage
ICD = International Classification of Diseases

Vorgehens beziehen wir uns besonders auf die Schule um G. Benedetti in Basel und Mailand.

Explizit werden in diesen Aufsatz die Forschungsergebnisse von A. Gruen über die Folgen frühkindlicher Beziehungsstörungen einbezogen.

Hauptziel dieser Arbeit ist jedoch, dazu beizutragen, das Borderline-Syndrom aus anthroposophischer Sicht zu verstehen und es aus einer menschenkundlichen Perspektive zu beschreiben. Die bisher in dieser Hinsicht geleisteten Borderline-Forschungen von D. Beck aus Buchenbach (Deutschland), W. Minne aus Bilthoven (Niederlande) und von H. Solms aus Genf (Schweiz) bilden dazu wichtige Grundlagen.

Einführung in die Thematik

In ihrer vollen Ausprägung erscheint die Borderline-Problematik erst nach der «Ich-Geburt». Wenn das Ich sich im frühen Erwachsenenalter anschickt, seine Stelle einzunehmen, findet es eine Seelendynamik vor, die sich dafür als ungeeignet erweist – eine Seelendynamik, deren zentrales Merkmal eine überall herrschende Gespaltenheit ist, an deren Grenzen und Abgründen sich das Borderline-Leiden abspielt. Diese Zerrissenheit besteht zwischen «Oben» und «Unten» wie zwischen «Innen» und «Außen».

Betrachten wir die erstgenannte Spaltung zwischen «Oben» und «Unten»:

In der Seele klafft ein unüberwindlicher Abgrund zwischen dem «idealen, himmlischen, kosmischen Ich» und dem «irdischen, tagtäglich verantwortlichen Ich». Mit dem kosmischen Ich kann sich der Borderline-Patient verbinden und identifizieren, mit dem polar entgegengesetzten irdisch-tätigen, für seine Handlungen verantwortlichen Ich dagegen nicht. Das Biographisch-Irdische ist einem «als Leid angetan», es ist «nicht selbstgewählt», ja es wird sogar als unecht, als eine Täuschung oder Lüge empfunden. Eine derartige Nicht-Identifikation führt von Ärger und Wut dem Irdisch-Biographischen gegenüber, über die Ablehnung des Leibes – in verschiedenen Formen von Selbstvernachlässigung und Selbstverstümmelung – bis zu Destruktionsgesten und Suizidversuchen.

Rudolf Steiner sagte bereits 1920 eine dramatische Zunahme solchen Leidens voraus. Er beschreibt, wie schon Kinder die Doppelseitigkeit der menschlichen Natur immer mehr als einen Zwiespalt erleben werden, der furchtbar auf ihnen lastet. «Der Mensch ist ja auch kein Erdenwesen in Wirklichkeit, der Mensch ist in Wirklichkeit ein kosmisches Wesen, ein Wesen, das dem ganzen Weltenall angehört. Auf der einen Seite wird der Mensch erdgebunden sein, auf der anderen Seite wird er sich als ein kosmisches Wesen fühlen.» Diese tiefe Disharmonie im Selbsterleben werde den Menschen in naher Zukunft fast zerreißen. Denn das auf materialistischer Anschauung beruhende Gefühl der Abhängigkeit von bloß irdisch vererbten Eigenschaften wird ihn immer mehr bedrücken. «Und dieses Gefühl wird mit einer rasenden Eile zunehmen … bis zur Unerträglichkeit sich steigern müssen … denn dieses Gefühl ist verbunden mit einem anderen, mit einem gewissen Gefühl der Wertlosigkeit des menschlichen Daseins.»[1] Hierzu sei angemerkt, daß es sich bei diesen Eigenschaften auch um psychische handelt, vererbt aus den leiblichen Grundlagen oder aus der Gesamt-Erziehung und den Gepflogenheiten der Familie, des Volkes heraus dem Menschen eingeprägt, «vererbt».[2]

Brennend wird daher die zentrale menschliche Frage: «Wer enträtselt mir mein überirdisches Wesen?» In dieser Phase der Evolution wird die scharf empfundene Diskrepanz, der Zwiespalt furchtbar auf dem Menschen lasten, und nur im Durchhalten dieses Leidens kann er schließlich seinem wahren Ich begegnen.[3]

Die inständige Bitte vieler Borderline-Patienten lautet jedoch vielmehr: «Behandle mich nach meinem überirdischen Wesen.» Es meldet sich die Borderline-Persönlichkeit mit ihrer überirdischen, ihrer kosmischen Identität, die an allem Irdischen leidet. Diese Identifikation mit dem Ideal-Ich, mit der kosmischen Beheimatung, gepaart mit einer Ablehnung des Irdischen, ja einem Entsetzen davor und manchmal auch vor dem Leiblichen, ist spezifisch für das Borderline-Leiden.

Am 23. März 1919 spricht Rudolf Steiner über Begegnungen in der übersinnlichen Welt zwischen kurz vorher Verstorbenen und jenen Seelen, die sich bald inkarnieren werden; er schildert das Entsetzen dieser Seelen beim Empfinden der gänzlich materialistischen Erdenleben der Verstorbenen und die daraus hervorgehende schmerzliche Sehnsucht, den Materialismus auf der Erde tiefgehend zu ändern und das Erdendasein zu vergeistigen. Demzufolge inkarnieren sich immer mehr Menschenseelen mit einer «Sehnsucht, hinwegzuwischen dasjenige, was sich allmählich an Materialismus auf der Erde angehäuft hat». Aus tiefer Tragik sehnen sich diese Seelen manchmal nach Vernichtung materialistischer Daseinsformen, denn «sie haben nicht erscheinen wollen in einer Welt, die die Fortsetzung darbietet von dem, was war». Rudolf Steiner macht jedoch auch darauf aufmerksam, daß eine solche Sehnsucht nach Vernichtung des Materialismus leicht «von allen möglichen luziferischen und ahrimanischen Mächten ... benützt» werden kann.[4]

Eben das zeigt sich bei der Borderline-Dynamik: eine tiefe Sehnsucht, das Erdendasein zu vergeistigen und zugleich, bedingt durch die Enttäuschung, eine Unfähigkeit, das Irdische auszuhalten. Anstatt durch diesen Zwiespalt hindurchzugehen, sucht die Borderline-Persönlichkeit fast ausnahmslos den Weg zurück in die Identifikation mit dem Himmlischen, dem Idealen im Selbst oder im Gegenüber. Es spaltet sich demzufolge der idealisierende Vorstellungs-Mensch vom biographisch-kontinuierlich handelnden Menschen ab.

Die von Rudolf Steiner angedeutete Spaltungstendenz scheint dem zu entsprechen, was in der modernen gängigen psychiatrischen Diagnostik (DSM IV) als ein Hauptmerkmal der Borderline-Persönlichkeit betrachtet wird: das Pendeln zwischen den Extremen Idealisierung des Selbstes und Abwertung des Mitmenschen im Wechsel mit Idealisierung des Mitmenschen und Abwertung des Selbstes; zwischen höchsten Erwartungen und unerträglichen Enttäuschungen sich selber oder einem andern gegenüber; zwischen innig-symbiotischen Gesten und Wutausbrüchen oder destruktiv-kalten Abweisungen.

63

In diesem Lichte wird die Frage nach einer Verbindung schaffenden menschlichen Mitte vorrangig.

Wenden wir uns der zweiten Spaltung zu, «Innen» und «Außen»: Nicht wenige Borderline-Persönlichkeiten klagen über innere Leere. Körperlich äußert sich das in Atembeklemmung oder ständigen Schmerzen im Herz-Lungen-Gebiet, oft begleitet von Kälteempfindungen und dem Gefühl eines inneren Lochs; Todesstimmung erfüllt den Menschen oder aber er fühlt einen Raum voll von Spaltungskräften und darin einen Kampf zwischen Leben und Tod.

Zu der «Innen-Außen»-Problematik gehört als schwerwiegendes Phänomen die Umkehrung des Verhältnisses zwischen Ich und Umwelt (Punkt und Kreis); und zwar dergestalt, daß die Umwelt zum Ich wird – das Ich zur Umwelt, Mitwelt.

Unter dem daraus entstehenden sozialen Chaos leidet nicht nur die Borderline-Persönlichkeit selber, sondern auch – und in nicht geringerem Maße – alle ihre Bezugspersonen.

Auch hier ist die Frage nach der menschlichen Mitte von größter Bedeutung. Denn derartige Spaltungen und Umkehrungen können nur auftreten, wenn das mittlere Gebiet, das Zentrum des Menschseins, das heißt das Herz-Lungen-System, seiner Aufgabe nicht gewachsen ist.

Über die Aufgabe des rhythmischen Systems äußert sich Rudolf Steiner mehrfach;[5] als seine hauptsächliche Aufgabe bezeichnet er die Verbindung im körperlichen Bereich zwischen dem Nerven-Sinnes-Menschen oder Vorstellungs-Menschen und dem Willens-Menschen, dem biographisch-handelnden Menschen. In dieser verbindenden Tätigkeit hat das rhythmische System im gesunden Menschen eine Empfindsamkeit, die es ihm ermöglicht, eine Abstimmung zwischen «Oben» und «Unten», «Innen» und «Außen», «Ich» und «Du» zustande zu bringen. Zu der Aufgabe der menschlichen Mitte gehören: Besinnung, Nachsinnen sowie Ausgleich und Gleichgewicht schaffen können zwischen extremen polaren Kräften. Daß dies geschieht, hängt jedoch seit dem letzten Jahrhundert zunehmend vom Willen des Menschen ab. Wird diese Willensanstrengung nicht geleistet oder verunmöglicht, dann treten – statt Abstimmung, Verständnis und

Verbindung – Zwiespalt, Unverständnis und die oben geschilderte Zerfahrenheit auf.[6]

Die Borderline-Persönlichkeit wird in ihrer Seelendynamik und ihrem Seelengefüge überaus von dieser Problematik geprägt, die für unsere Zeit symptomatisch ist.

Das also vorgefundene Seelengefüge läßt sich dahingehend charakterisieren, daß das Selbst fortwährend durch andere Menschen ausgefüllt wird. Es besteht ständig das Bedürfnis, die eigene Identität mit dem auszufüllen, was andere von einem implizit oder explizit erwarten. Sowohl das Ideal-Selbst als auch das Alltags-Selbst werden im Denken, Fühlen und sogar in ihren Zielsetzungen hauptsächlich durch die Außenwelt bestimmt. Wenn die ersehnte Ausfüllung durch andere nicht erfolgt, treten innere Angstzustände auf. Es entsteht ein innerseelisches Vakuum, das von den Mitmenschen leicht als Lieblosigkeit oder Interesselosigkeit mißverstanden werden kann und das selbstzerstörerische Schuldgefühle auslöst. Denn gemocht zu werden bedeutet für die Borderline-Persönlichkeit eine notwendige Bestätigung ihrer Existenz. Nicht gemocht zu werden wird gleichgesetzt mit schlecht sein. Die eigene Existenz wird dann als bedroht empfunden.

In Ermangelung einer eigenen positiven Identität neigen die betroffenen Menschen dazu, die drohende innere Leere dadurch abzuwehren, daß sie sich mit einer «Leih-Identität» füllen.
Dabei entsteht ein ständiges seelisches Pendeln zwischen
«Nicht-Selbst»-Raum – «Leih-Selbst»-Raum
Hohl- oder Leer-Sein – Ausgefüllt-Sein
Nicht-Existieren – Existieren bis zur Erschöpfung oder bis zur Selbstausbeutung und Selbstentfremdung für Ideale und Bezugspersonen
Angst – Allmacht
biographischer Schuld – Schuldgefühlen andern gegenüber

Aus psychodynamischer Sicht sind – im biographischen Rückblick – mehrere «Selbstheilungsversuche» beschrieben, um die seelischen «Vakuolen» zu füllen:

- symbiotische Tendenzen, um von den wichtigsten Bezugspersonen seelisch völlig aufgesogen zu werden, wie es in frühester Kindheit geschah, um tiefste Trennungsängste zu überwinden
- Streben nach partieller Individuation, das aber als schuldbeladen und unwürdig erlebt wird
- Konfliktuöses Streben zur partiellen Befriedigung der Gefühle und Sexualtriebe, der Ideale und Zielsetzungen

Bei genauer Betrachtung erweisen sich die innerseelischen Prozesse der Borderline- und der narzißtischen Persönlichkeitsstörungen als komplementär, weil die narzißtische Persönlichkeit der Dynamik nach ihre Umwelt mit sich selber ausfüllt, in der beinahe zwingenden Erwartung eines bejahenden Echos, einer bestätigenden Spiegelung. Das ist es gerade, wonach auch die Borderline-Persönlichkeit strebt. Geisteswissenschaftlich betrachtet, zeigt die Borderline-Persönlichkeitsstörung nicht bloß Spaltungstendenzen, sondern auch das obenerwähnte Fehlen der Mitte. Menschenkundlich ist dieser mittlere Mensch, der seinen Ausgangspunkt körperlich im Herz-Lungen-Gebiet hat, in fortwährender Entwicklung begriffen. Rudolf Steiner spricht darüber, wie die einst natürliche Verbindungsfunktion dieses Herz-Lungen- oder rhythmischen Systems allmählich nachläßt, weil die Lebenskräfte des Herzens – das sogenannte Ätherherz – sich vom physischen Herzen allmählich loslösen. Die damit zusammenhängende Menschheitsaufgabe sei: aus freiem Willensentschluß und imaginativer Einsicht Mitwelt und geistige Welt, Eigenwelt und Mitwelt wieder zu verbinden (religare).[7] Ehe das gelinge, werde diese Menschheitslage im allgemeinen – und bei der Borderline-Persönlichkeit sehen wir das in charakteristischer Schärfe – ein Doppelempfinden erzeugen: sich selber gegenüber ein Empfinden der Leere, der Kälte; der Umwelt gegenüber eine starke Überempfindlichkeit. Solange das Herz-Lungen-System seiner Aufgabe, zu vermitteln, (noch) nicht gewachsen ist, kann eine für die Borderline-Persönlichkeit typische Chaotisierung entstehen, weil die Mitte eine Lücke aufweist und die – von den natürlichen Zusammenhängen nicht länger gehaltenen – Triebe frei walten können.[8]

Polarisierungen wie die zwischen Außen und Innen, Himmel und Hölle, Liebe und Haß, Idealisierung und Entwertung weisen auf diese Lücke hin. Das heißt aber, daß das Ich nicht ohne weiteres in die Seelenkräfte einziehen und seine spezifisch menschliche vermittelnde Funktion erfüllen kann. Als Dritter im Bunde bleibt das Ich ein Außenstehender. Dadurch kann es seinen eigentlichen Aufgaben, die es seit etwa 2000 Jahren im Rahmen der Menschheitsentwicklung übernehmen soll, nicht gerecht werden. Seit Beginn unserer Zeitrechnung wurde der Einzug des Ich in das Innere des Erdenmenschen als Eigenkraft zwischen Himmel und Erde, Licht und Dunkel vorbereitet und stellt menschheitsgeschichtlich einen Umschlagpunkt von weitreichender Bedeutung dar. «Denn wo zwei oder drei versammelt sind in meinem Namen», sagt der Urträger dieses Ich, der Christus, «da bin ich mitten unter ihnen».

Merkwürdigerweise gibt es zur selben Zeit Einweihungsstätten, die nicht diese Dreiheit als Hauptorientierung haben: Die Einweihungszeremonien zum Beispiel in der «Villa dei Misteri» in Pompeji im alten Römischen Reich (der 4. nachatlantischen Epoche) zeigen Bilder, in denen die oben beschriebene Borderline-Dynamik mehr oder weniger deutlich anklingt: Zwei Zentralfiguren als gegensätzlichen Doppelgestalten steht eine dritte Figur als Außenstehender gegenüber. Dieser Außenstehende steht dem Himmlisch-Seelischen (Ariadne) einerseits, und dem Irdisch-Männlichen (Dionysos) andererseits, gegenüber. Statt eine Verbindung herzustellen, wird dieser Dritte selber nochmals aufgespalten in einen Ekstatiker und einen vom Dämon Gegeißelten.

Die Welt des Patienten als erster Zugang: das «Borderline-Entsetzen»

Im Hinblick auf die vorliegende Problematik erscheint es fruchtbar, zunächst die innerseelischen Erlebnisse der als «Borderline»-Persönlichkeiten diagnostizierten Menschen zu betrachten.

67

Dafür sind zwei Vorbemerkungen notwendig:

1. Zum Wort «Borderline»: Dieser inzwischen international gebräuchliche, aus den Vereinigten Staaten stammende, klinisch-diagnostische Begriff wird hier – der inneren Dynamik der Persönlichkeitsstörung entsprechend – im Sinne von «Grenzgänger» verwendet.

2. Zum Borderline-Zustand: Dem äußeren Verhalten des Patienten, das zur klinischen Diagnose «Borderline» veranlaßt, entspricht ein innerseelisches Menschen-, Selbst- und Welterleben. In dem Maße, wie diese Strukturen von außen bedroht werden oder zusammenbrechen, entsteht klinisch ein Komplex von sogenannten «primitiven Abwehrmechanismen», der seiner ganzen inneren Dynamik nach hier «Borderline-Entsetzen» genannt wird.

Das «Borderline-Entsetzen»

Eine der Folgen des sich ändernden Zusammenhangs zwischen physischem Herzen und Ätherherz ist die seelische Hellfühligkeit; sie wird aber nicht durchdrungen von einer ich-gesteuerten Wahrnehmung des Gegenübers, sondern dieses wird passiv-rezeptiv aufgenommen. Die Borderline-Persönlichkeit empfindet sich demzufolge allen Schattenseiten, Doppelgänger-Zügen sowie unbewußten und unzulänglichen Persönlichkeitsaspekten ihres Gegenübers völlig wehrlos ausgesetzt und mobilisiert ihrerseits unbewußt-reaktiv die ihrigen.

Dieser Zustand des «Borderline-Entsetzens» wird vom Patienten ständig gefürchtet und soweit irgend möglich vermieden. Innerseelisch wird es schockartig erlebt mit elementarer Gewalt, wobei dem Betroffenen von «existentiellen Mächten» das Daseinsrecht abgesprochen wird.

Zur Vermeidung dieses Zustandes entwickelt der Betroffene im Laufe seines Lebens ein kompliziertes Abwehrsystem, das jedoch nur unvollständig funktioniert und von der Außenwelt unerwartet bedroht oder sogar vernichtet werden kann.

Ehe ein derartiges «Borderline-Entsetzen» auftritt, erlebt sich die Seele aus der Sicht und Schicht ihrer Idealgestalt, sei es im Hinblick auf Lebensideale, Opferbereitschaft, Kunstsinn, Intelligenz, Schönheit, Begabung, Liebenswürdigkeit, Religiosität oder Hellfühligkeit. Diese Schicht zeigt eine Licht-Dunkel-Doppelnatur: Sie hebt einen über den gewöhnlichen, grauen Alltag hinaus, erzeugt aber auch massive Einsamkeitsgefühle, weil sie nicht durch reale zwischenmenschliche Beziehungen und Erfahrungen entwickelt und untermauert worden ist. Diese Seelengestik fängt zwischen dem 21. und 28. Lebensjahr an, wird aber in späteren Lebensphasen immer stärker erlebt.

Auslöser des «Borderline-Entsetzens»

Lenken wir die Aufmerksamkeit auf die innerseelischen Erfahrungen, die das «Borderline-Entsetzen» auslösen, dann werden von den Betroffenen folgende Situationen oder Interaktionen beschrieben:

– Mißachtung, Verleumdung oder Kränkung des Selbstes durch existentiell wichtige Bezugspersonen
– Unverständnis oder Mißverständnisse, Desinteresse oder Zurückweisung, besonders in seelischen Notsituationen
– von anderen erzwungene Entgrenzung des Selbstes oder
– Verweigerung von existentiellen Wünschen oder Bedürfnissen
– Übersehen- oder Verleugnet-Werden der ganzen Person des Betroffenen oder ihrer Absichten
– Situationen, in denen eine schwere Anklage oder starke Schuldgefühle empfunden werden
– Überlastung durch Erwartungen oder Verpflichtungen
– Unvorhergesehene Reaktionen oder Handlungen anderer
– Ohnmachtsgefühle in Gesprächssituationen
– Drohender oder realer Verlust einer wichtigen Bezugsperson
– Aufdeckung eines erlittenen Mißbrauchs

Licht und Dunkel am Anfang

Betrachtet man die Erinnerungsinhalte und -qualitäten von Borderline-Personen, dann tauchen während des therapeutischen Prozesses zunehmend folgende Konstellationen auf:
– klare, oft scharf umrissene Erinnerungen an Interaktionen im oben beschriebenen Sinne mit wichtigen Bezugspersonen in der Familie, Schule oder Kirche von frühester Kindheit an
– eine ständige bedrohliche Grundstimmung in der Lebensumgebung, die im Bewußtsein des Kleinkindes in ihrer moralischen Wertigkeit durchschaut wurde
– Außerleiblichkeitserlebnisse oft in Verbindung mit Engelträumen, Lichterlebnissen sowie hellsichtigen oder hellfühlenden Erfahrungen.

Ihrer Wirkung nach lösten und lösen die negativen Erinnerungen fortdauernde Schmerzen, Entsetzen und sogar innerseelische Zerrüttung aus. In diesen Situationen erleben sich die Betroffenen oft wie gefesselt, wobei eine Befreiung nur vorübergehend durch volles Verständnis und absolute Hingabe der Umwelt möglich ist.

Denken, Fühlen und Wollen

Dadurch daß der mittlere Mensch seine vermittelnde Funktion nicht zu erfüllen vermag, spaltet sich das Denken vom Fühlen, das Fühlen vom Wollen, das Wollen vom Vorstellen ab. Die Handlungs- und Willensvorstellungen verlieren ihren Zusammenhang mit den Wünschen, auf die sie sich beziehen, die Gefühle verwischen die Vorstellungen und korrumpieren die konkret ausgeführten Handlungen, und schließlich führt jede Seelenschicht gewissermaßen ein Eigenleben. Sobald die Umwelt diesen mittleren Menschen und seine Ich-Steuerung herausfordert, reagiert der Patient, bedingt durch sein So-Sein, mit dem sogenannten «Borderline-Entsetzen», das folgende Züge aufweist:

- Verwirrung im Denken, wobei das Denken als eine Folge von unauflösbaren, ausweglosen, quälenden Widersprüchen erlebt wird
- emotionale Ängste durch Rückzug oder durch Verlust ursprünglicher Zuwendung in Verbindung mit gefühlsmäßigem Erstarren und einem Erlebnis von innerer Leere und dem Gefühl, für andere nicht mehr zu existieren
- panikartige Angst vor Bezugsverlusten, verbunden mit dem Empfinden einer negativen Allmacht
- Angst vor existentieller Auslöschung; die Situation erscheint ausweglos, Lähmung und Panikgefühle weiten sich zu Abgründen, in die man hilflos hineinzustürzen droht

Eine goetheanistische Einschätzung

Dieter Beck weist auf die besondere Seelengestik der Borderline-Patienten hin. Auch unsere Erfahrungen bestätigen, daß eine derartige Seele

- sich als empfindsam bis überempfindlich, bewußt bis überwach, oft regsam und beweglich erweist und im Sozialen durch besondere Begabungen oder Fähigkeiten auffallen kann;
- zum Ideellen und zur Orientierung auf höhere Werte neigt in Verbindung beispielsweise mit kosmischer Empfindsamkeit, Aufopferungsgedanken und ähnlichem;
- selbst- oder fremdanamnestisch Verspätungen oder Umkehrungen in der Entwicklungsfolge von Gehen-, Sprechen- und Denken-Lernen zeigt.

Ihr Inkarnationsweg läßt sich charakterisieren durch

- frühkindliche Erinnerungen an Finsternis, aber auch an Leuchtendes;
- häufiges Erleben von Erschrecken, Angst, Enttäuschung, Schmerz und des Gefühls, an der Welt zu zerschellen;

- die Fähigkeit, sich urplötzlich aus emotionalen Beziehungen zurückzuziehen durch einen Rückzug aus den Seelengebieten des eigenen Denkens und Wollens in eine traumhafte – kosmisch ideelle – oder illusionäre Welt;
- seit der frühesten Kindheit erlebte Schuldgefühle in dem Sinne, daß «ich selbst sein» gleichbedeutend mit «schuldig sein» ist.

Diese Phänomene könnten vorläufig folgendermaßen zusammengefaßt werden:
Mein Leib ist keine Ich-Grundlage, die Welt ist nicht meine Heimat.
In einem Bild könnte das folgendermaßen zugeordnet werden:

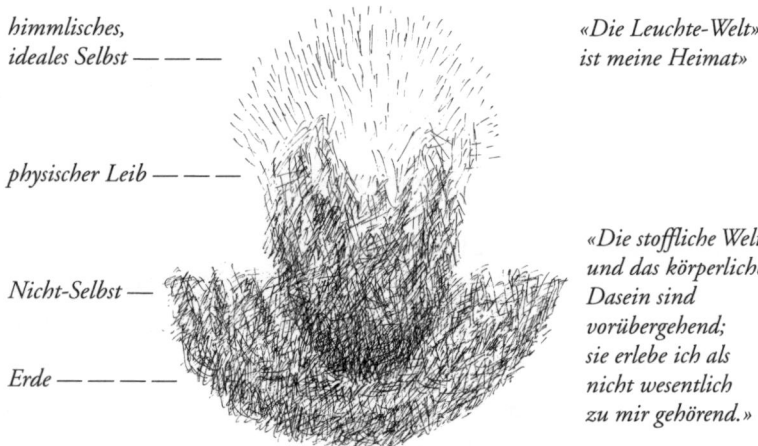

himmlisches,
ideales Selbst — — —

«Die Leuchte-Welt»
ist meine Heimat»

physischer Leib — — —

Nicht-Selbst —

«Die stoffliche Welt
und das körperliche
Dasein sind
vorübergehend;
sie erlebe ich als
nicht wesentlich
zu mir gehörend.»

Erde — — — —

72

Das folgende Bild versucht das Ringen um die Inkarnation darzustellen:

Sehnsucht nach der kosmischen Heimat
Identifikation mit der Idealgestalt
Ringen um Anerkennung

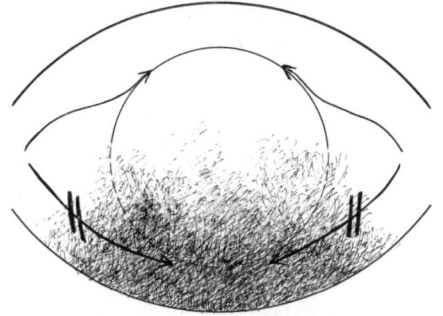

Tendenz, anhaltend mißverstanden zu werden
Entfremdung vom ängstlichen Selbst
Ablehnung eigener Schwächen und Fehler
verunsichernde Anforderungen
der Erdenwelt

Diese Bilder sollen verdeutlichen, daß der Versuch der Seele, ihre kosmische Heimat zu behalten, eine erste Grundlage für die Spaltung in «gut = ich» und «böse = nicht ich» schafft. Es entsteht ein Entschluß zur «partiellen Inkarnation», deren innere Dynamik sich durch folgende Grundzüge charakterisieren läßt:

Aus schmerzlicher Enttäuschung verbindet sich die Seele nur unvollständig mit der Erde. Sie behält sich das Recht vor, die Verkörperung zu verweigern oder sich wieder daraus zurückzuziehen. Sie befindet sich in einem ständigen Ringen um die Schuldfrage.

In diesen Bildern zeigt sich die Borderline-Gestalt näherungsweise als wirklicher Grenzgänger zwischen Licht und Dunkel, zwischen der himmlischen und der – zumindest teilweise als Hölle erfahrenen – Erdenwelt. An dieser Grenze kämpft sie abwechselnd untergehend und siegend, doch nie auf sicherem Boden stehend. Es ist ein Ringen um die menschliche Existenz. In diesem Sinne ist denkbar, daß die Borderline-Konstitution nicht nur aufgrund einer fehlerhaften Erziehung entsteht, sondern von der besonderen Seelenkonfiguration der Menschheitssituation im Zeitalter der Bewußtseinsseele mitgeprägt wird.

In diesem Zusammenhang gab eine ältere, ständig um das Leben ringende Person, für welche Reinkarnation noch kein Thema war, die folgende Selbstbeschreibung:

«Mir gegenüber habe ich einen unerhört tiefen Widerwillen, den ich nicht allein auf meine Erziehung zurückführen kann, denn meine Eltern und Großeltern haben ihre Wut, Wärme, ihre Seelenkälte, sogar ihren Egoismus in die Welt hineingestellt. Aber an diesem tiefen Widerwillen, den ich mir selbst gegenüber empfinde, sind sie schuldlos. Der Ursprung dieses verheerenden Wesens tief in meinem Innern reicht vielleicht bis in die fünfte Generation zurück.»

Phänomene des Inkarnationsprozesses von «Borderline»-Patienten

Die Zeitgestalt

Die Entwicklung des Menschen vom schlafend-träumenden Einssein mit den göttlich-schaffenden Weltenmächten bis zur Trennung und Spaltung von der göttlich-schöpferischen Ideenwelt nähert sich in der Gegenwartszeit ihrem Ziel: Der Mensch steht einer als gegenständlich erlebten Welt gegenüber.

Er erlebt sich in einer Wahrnehmungswelt, in der unzählige Sinneseindrücke, Gefühle, Stimmungen und Traumbilder auf ihn zuströmen und aus ihm hervorgehen, deren inneren Zusammenhang er aber zunächst nicht versteht und den er ausschließlich durch größte Anstrengung aller seiner Seelenfähigkeiten verstehen lernen kann. Diese mächtige Anstrengung stellt eine zweite Herausforderung des Zeitalters der Bewußtseinsseele dar: Der Mensch soll eine starke Persönlichkeit entwickeln. Die Trennung von Selbst- und Welterleben führt heute zu einem rasch zunehmenden Unverständnis gerade zwischen einander blutsverwandten Menschen, zum Beispiel in der Primärfamilie. Auch das Baby wird für Eltern zunehmend zu einer Summe von Sinneswahrnehmungen, deren Bedeutung oft unzugänglich ist, und seine vielfältigen Äußerungen erscheinen rätselhaft. Weder die Sehnsucht beziehungsweise die himmlische Urerinnerung an eine liebevolle, aufopfernde Bemutterung noch die Vielzahl theoretischer Erziehungsmaßnahmen sind imstande, dieses verständnislose Gegenüberstehen zu überbrücken.

Rudolf Steiner weist darauf mit den Worten hin: «... immer schwieriger wird es, daß die Söhne, die Töchter die Väter und Mütter verstehen, immer schwieriger und schwieriger wird es, daß die Eltern ihre Kinder verstehen, immer schwieriger wird es, daß die Geschwister einander verstehen.»[9]

In der klinischen Praxis leuchten diese Probleme voll auf. Die häufigsten Beschwerden der Patienten entsprechen dieser Zeitthematik, «nie von den Eltern verstanden zu werden», oder «die Eltern sind zu schwache Persönlichkeiten, um diese Wahrheiten ertragen zu können». Überdies beschäftigen sich auch Eltern zunehmend mit der Frage, «wer sie als Individuen eigentlich selber sind» und ziehen sich oft mit wachsender Antipathie innerlich und äußerlich vor den «unerträglichen» Anforderungen ihrer Kinder zurück.

Die drängende Frage nach einer Lösung dieser Problematik wird verschieden beantwortet: Bedeutende Psychoanalytiker lenken die Aufmerksamkeit auf eine Erneuerung der uralten, spontan-empathischen Beziehungsempfindung zwischen Mutter und Kind, wie sie bei asiatischen, afrikanischen oder südamerikanischen Müttern noch beobachtet werden kann. Das Erleben dieser Urbeziehung sei verlorengegangen durch eine soziokulturell erzwungene Abspaltung unerlaubter Gefühle im Erziehungsprozeß.

75

Rudolf Steiner versucht diesen Lösungsansatz weiterzuentwickeln in einen eher zukunftsweisenden Weg:

Nicht um ein Zurückgreifen auf verlorengegangene, spontane Gefühle gehe es, sondern um die Anstrengung, das Kind als werdendes, individuelles Menschenwesen verstehen zu wollen. Eine dauerhafte vollbewußte, hingebungsvolle Beziehung sei die Aufgabe der Erzieher, der Eltern. Dies sei der einzige, wenn auch mühsame Weg. Versuchten die Menschen aber zurückzugreifen auf alte, gruppenseelenhafte Fähigkeiten, dann entstehe ernsthaft die Gefahr von Krieg und Streit bis in die kleinsten Verhältnisse hinein.[10]

So wird als dringendste Zeitaufgabe von den Menschen gefordert die Trennung in Selbst und Welt als einander Gegenüberstehende und das damit verbundene Gefangensein in den eigenen Wahrnehmungen, das sich bis zur Antipathie gegen alles als Ausdruck unserer Zeitgeist-Pathologie steigern kann, zu überbrücken. Und es bedarf unablässiger Anstrengung, das Wesen des anderen Menschen in seiner Werdegestalt, aber auch in der gemeinsamen Vergangenheit zu erkennen und schauen lernen zu wollen aus einer Wahrnehmungsfähigkeit heraus, die sich zur Selbstlosigkeit erzogen hat. In erster Linie wird dies Aufgabe der Eltern, namentlich der Mutter eines neugeborenen Kindes sein.

Aus dem Vorangehenden wird ersichtlich, daß Elternschaft eine unerhört schwierige Aufgabe geworden ist, deren Gelingen oder Mißlingen als Damokles-Schwert über der Geburt des Kleinkindes schwebt. Denn ab der Geburt gibt es kein Pardon für Erziehungsfehler und deren Folgen. Ob das Versäumte nachgeholt werden kann, liegt an dem Betroffenen selbst.

In den folgenden Kapiteln soll versucht werden, auf jene Einflüsse in der Erziehung aufmerksam zu machen, die zu einer Borderline-Störung führen können.

Atmung, Wärmung und Ernährung sind die ersten nachgeburtlichen Leibes-Lebensvorgänge in der körperlichen Begegnung mit der stofflichen Außenwelt. Ausscheidung, Wachstum und Erhaltung sind die ersten Leibes-Lebensvorgänge der körperlichen Innenwelt des neugeborenen Babys. Danach werden dem Kleinkind die «Göttergaben» – Tastsinn, Lebenssinn, Bewegungssinn und Gleichgewichtssinn übergeben, damit es alle Vorgänge im Körperinneren unmittelbar spüren und sich einen innerphysischen, sicheren Boden erwerben kann inmitten der stofflichen Außenwelt. Ein Wunder nimmt seinen Lauf: Et incarnatus est!

Inkarnationsstörungen im ersten Jahrsiebt

Von einer gläubigen Stimmung sollte der Mensch getragen sein, wenn er Geburtshilfe leistet und ein neugeborenes Kind von den Hierarchien übernimmt. Und aus dieser gläubigen Stimmung heraus kann er Mithilfe erwarten. Ohne – oder mit einem bloß ahnenden, vielleicht theoretischen – Wissen um die geistige Welt steht er jedoch dem Kind verlassen gegenüber. Der Vater und die Mutter verstehen einander nicht mehr in ihren Erklärungsversuchen, Erwartungen und pädagogischen Anstrengungen in bezug auf das Neugeborene. Unzählige Streitereien, «ob das Kind weint oder nur die Lungen übt», «ob kräftig zugepackt werden soll oder zart gekuschelt», untermauert von zahllosen, wechselnden Theorien, sieht das Weltenauge schon seit Jahrzehnten vorbeiziehen.

In die Lücke zwischen dem Wissen um die geistige Welt und der Vereinsamung der Eltern können Mißverständnisse und Irrtümer eindringen und die Inkarnationsprozesse stören. Als fundamentalste Probleme erweisen sich dabei:

– Die Eltern nehmen nicht das neugeborene Kind wahr, sondern vor allem sich selbst im Kind gespiegelt in ihren Hoffnungen, Spannungen, Ängsten, ihrer Wut.
– Die Eltern glauben, das Baby nehme bloß ihre bewußt geäußerte Fürsorge wahr und habe keine Ahnung von den verborgenen und unbewußten Gefühlen und Stimmungen der Eltern.

Durch die unvollständige und teilweise sogar verzerrte Weise, in der Eltern das Neugeborene wahrnehmen, häufen sich Fehler auf Fehler. Es ist das gewichtige Verdienst u.a. von Arno Gruen, daß er die Folgen verzerrter Wahrnehmung und emotional gespaltener Fürsorge minutiös überprüft hat. Seine Befunde sind erschütternd: Er zeigt auf, daß eine verzerrte und emotional gespaltene Bemutterung die Entfaltung der Leibes-Lebensprozesse beim Säugling in teilweise lebensbedrohlichem Ausmaß hemmen kann.

Ist die Bemutterung freudig und hingebungsvoll, stimmen Fürsorge und unterschwellig begleitende Stimmungen überein (Kongruenz im Sinne von Carl Rogers) und bekommt der Säugling zärtliche Zuwendung, Sicherheit, Wärme und Geborgenheit, so wird er nicht nur in die zwischenmenschlichen Beziehungen einbezogen, sondern auch seine Leibes- und Lebensprozesse, die für den Aufbau des Organismus notwendig sind, werden angefacht.

Ein lebendiger Dialog zwischen Mutter und Kind stimuliert den Nervus vagus des vegetativen Nervensystems, der im Organismus das Verdauungssystem belebt. Gruens Forschungen bestätigen, daß erst eine derartige zwischenmenschliche Zuwendung die anfangs noch zarten und unentwickelten organischen Systeme so entwickeln hilft, daß eine körperliche Beziehung zur stofflichen Umwelt möglich wird.

Ein solcher lebendiger Dialog stimuliert im weiteren das sympathische adrenerge vegetative Nervensystem, das vor allem die Absonderungsprozesse belebt und den Säugling befähigt, sich in seine eigene Körperlichkeit «hineinzuleben».

Über diese entwickeln sich im Sinnessystem Tast- und Lebenssinn. So wie «das Auge sich am Licht bildet», so bildet sich der Lebenssinn an den belebten Leibesprozessen und der Tastsinn an der liebevoll tragenden Umwelt («holding environment»). Hauptziel der Forschung Gruens war, die Ursachen des plötzlichen Kindstods und seiner Zusammenhänge mit neurophysiologischen Lebensprozessen und der Qualität elterlicher Fürsorge herauszufinden. Folgende Qualitäten elterlicher Fürsorge beeinflussen nach Gruen die kindliche Entwicklung:

– abgespaltene, aber intensive Gefühle von Ärger und Wut dem Säugling gegenüber
– Sorge oder tiefe Depression
– eheliche Spannungen und Konflikte
– emotionale Kälte und innere Ablehnung des Säuglings

Kurz, sind die Eltern stark mit ihren eigenen Bedürfnissen beschäftigt und nehmen das Kind bloß als Steigerung der eigenen Probleme wahr, dann weicht das Kind zurück. Träume von Kleinkindern bestätigen, daß die unbewußten oder nicht verarbeiteten Traumatisierungen der Eltern unmittelbar in den fühlend-wahrnehmenden Seelenleib des Säuglings eindringen.[11]

In seiner völligen Abhängigkeit von den Eltern entwickelt der Säugling Angst, Hilflosigkeit, Hoffnungslosigkeit, Panik, Verlassenheitsängste und Entsetzen, wenn er zurückgewiesen oder emotional belastet wird. Diese Reaktionen äußern sich besonders in einem ständigen «Arousal», das heißt in einer Überreizung des sympathisch-adrenergen Systems, die zu einer Abnahme der Lebensprozesse bis zum Ausbleiben der Aufwachreflexe führen kann.

Unter dem Gesichtspunkt des Inkarnationsprozesses stellen sich, wie Rudolf Steiner zeigt, zwei Hauptaufgaben innerhalb der Früherziehung. Das ist zum einen die Unterstützung des Atmen-Lernens. «Denn dadurch, daß wir harmonisieren das Atmen mit dem Nerven-Sinnesprozeß, ziehen wir das Geistig-Seelische in das physische Leben des Kindes herein.» Und zum anderen die Begleitung der Schlaf/Wach-Prozesse. Damit das Kind «alles dasjenige, was es auf dem physischen Plan erfährt ... erlebt, hineintragen in die geistige Welt und dort verarbeiten (lernt) und das Ergebnis der Arbeit wieder zurücktragen (kann) auf den physischen Plan».[12]

Gerade das Entgegengesetzte geschieht bei gestörten Frühbeziehungen.

In der Wechselwirkung des Säuglings mit der psycho-physischen Außenwelt finden die ersten Leibes-Lebensprozesse keinen Anknüpfungspunkt:

- in die Atmung mischt sich (z.T. unbewußt) Ablehnung
- statt einer wärmenden Umgebung wird Kälte vorgefunden
- in der Ernährung wirkt die Selbstbezogenheit der Eltern
- vor dem reflexhaften Aufwachen schreckt das Neugeborene zurück

Rudolf Steiner und Ita Wegman beschreiben, wie das «ätherische Nervensystem» des Sympathicus zusammen mit der im Blutsystem wirkenden Ich-Organisation die unterschiedlichen Unterleibsorgane belebt und Wachstum und Erhaltung anfacht. Dieser ätherische Teil des sympathischen Nervensystems sei extrem empfindsam für psychische Einflüsse von außen: «Affekte und Leidenschaften haben eine dauernde, bedeutsame Wirkung auf den Sympathicus. Kummer und Sorgen richten dieses Nervensystem allmählich zugrunde.»[13] Hier liegt der Gedanke nahe, daß eine derartige körperliche Konstitution eine schlechte Grundlage für ein Gelingen der Inkarnation des Geistig-Seelischen darstellt.

So bleibt der Mensch tatsächlich ein «Borderliner», ein Grenzgänger zwischen Himmel und Erde. In einer vom Göttlichen abgesonderten, abgespalteten Welt, zu der auch die physisch-körperliche Leiblichkeit gehört, soll sich die geistig-seelische Wesenheit des Säuglings inkarnieren. Die Haltung der Eltern, die diesem Wesen wie einem fremdartigen Gegenstand getrennt gegenüberstehen, erschwert diesen Einzug erheblich. Aus eigener Kraft kann der Säugling jedoch die physisch-körperliche Leiblichkeit nicht belebend durchdringen.

Man erlebt hier im Grunde das Vaterunser in umgekehrter Weise:

> »AUM, Amen!
> Es walten die Übel,
> Zeugen sich lösender Ichheit,
> Vom andern erschuldete Selbstheitschuld,
> Erlebet im täglichen Brote,
> In dem nicht waltet der Himmel Wille,
> Da der Mensch sich schied von Eurem Reich
> Und vergaß Euren Namen,
> Ihr Väter in den Himmeln.[14]

Das «et incarnatus est» wird zum «non posso et voleo incarnare» – «Ich will und kann nicht auf die Erde kommen». Wenn der untere Mensch nur unvollständig von der Ich-Organisation und den belebenden Kräften des Sympathicus durchdrungen wird, treten im späteren Alter weitere Störungen auf. Vielfältige Beschwerden in den Unterleibsorganen sind bei Borderline-Patienten häufig. In der klinischen Praxis trifft man zum Beispiel auf

- entzündliche Krankheiten wie Morbus Crohn oder rheumatisches Fieber
- funktionelle Störungen wie das prä- oder perimenstruelle Syndrom, diffuse Bauchschmerzen, tief im Unterleib empfundene Kältegefühle, Schmerzen im Nierengebiet oder im Steißbein
- psychisch bedingte Schmerzsensationen, die z.B. wie ein schneidendes Schwert oder ein eiserner Anker im Bauch erlebt werden können bis hin zu psychosenahen Phänomenen, bei denen beispielsweise die Stimme eines zerstörerischen Lebewesens gehört wird
- Gefühllosigkeit im Leib; z.B. werden weder Hunger noch Müdigkeit, noch Erschöpfung oder Krankheit empfunden.

81

Störungen in den sieben Lebensprozessen
oder den vier unteren, inneren Sinnen

Zusammenfassend liegt folgender Schluß nahe: Die geistig-seelische Wesenheit des sich inkarnierenden Menschen greift nicht bis in die Tiefen der eigenen Leiblichkeit hinein. Bei frühen, chronischen emotionalen Überlastungen verkümmert der Sympathicus, wodurch die Lebensprozesse zu schwach ausgebildet werden und der Lebenssinn unterentwickelt bleibt.

Die Wahrnehmung dieser Prozesse ist für das alltägliche Bewußtsein nicht möglich bzw. bleibt unterhalb der Schwelle des Tagesbewußtseins, schlägt sich aber in physisch-ätherischen, körperlichen Beschwerden nieder, die besonders in Lebenskrisen oder während sogenannter «Spiegelungsphasen» in der Biographie auflodern und sich im weiteren Lebenslauf verhärtend und verheerend auswirken können.

Es läßt sich das folgende Schema skizzieren:

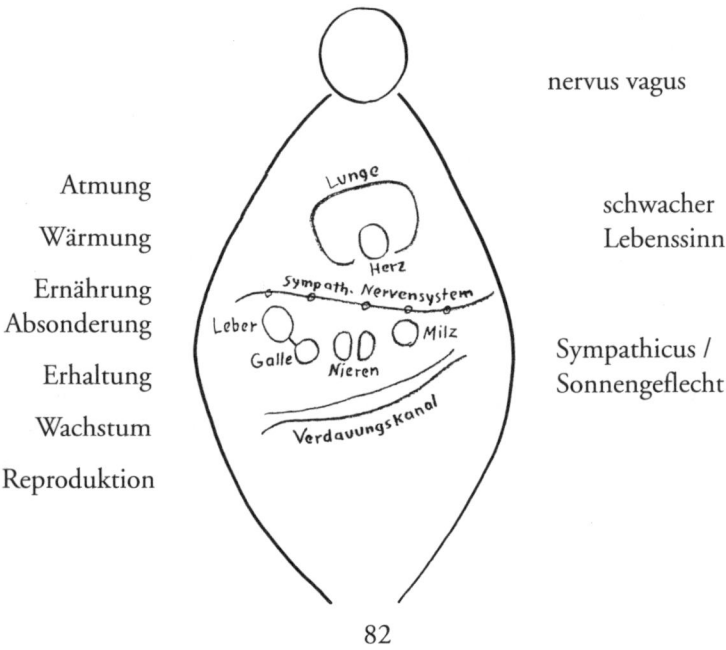

nervus vagus

Atmung

Wärmung

Ernährung
Absonderung

Erhaltung

Wachstum

Reproduktion

schwacher
Lebenssinn

Sympathicus /
Sonnengeflecht

82

Man muß sich die Situation so vorstellen, daß die Borderline-Persönlichkeit nur schwach und «unter Vorbehalt» bis in die Tiefen der
Körperlichkeit inkarniert ist und zu dieser keine lebendige, durch die
unteren, inneren Sinne übermittelte Verbindung hergestellt hat. Dies
bedeutet, daß die Fähigkeit zu Vertrauen, Beständigkeit und sicheren,
festen Entschlüssen ebenso wie weitere Ich-Qualitäten aufgrund der
eigenen Konstitution ständig in Gefahr sind, in das bodenlose «Borderline-Entsetzen» zu versinken.

Der gestörte Tastsinn

Erst an der tastenden Berührung der Umwelt erlebt das Ich sich in
seinem innersten Leibe. Von dieser Warte aus entwickelt das Ich im
weiteren Leben seine Weltwahrnehmung und ergreift daran anschließend seine Erdenaufgaben.

Beim Borderline-Patienten jedoch wird die Inkarnation, die Voraussetzung für dieses Innenerlebnis ist, nicht vollständig vollzogen. Oben
(siehe S. 75) wurde dargestellt, wie sich Eltern und Erzieher zunehmend mit der Frage beschäftigen, wer sie selbst als Individuen eigentlich sind, und sich oft mit unbewußter, aber wachsender Antipathie

innerlich und äußerlich vor den «unerträglichen» Anforderungen ihrer Kinder zurückziehen. Ein derartiges Verhalten erzeugt bei Neugeborenen und Kleinkindern eine Bezugsleere. Sie müssen damit etwas entbehren, das sie gerade als wesentliche Nahrung zum Leben brauchen, denn ihr Dasein ist noch ganz beziehungsbedingt. Existentielle Ängste sind die Folge. Die Bezugsleere übt fortan eine Sogwirkung aus, und das noch hüllenlose Kleinkind versucht instinktiv, sich im Erwachsenenschoß wiederzufinden und durch unzählige phantasievolle Zuwendungsakte die lebensnotwendige Beziehung wiederherzustellen. Das aber wird vom Erzieher als «Klammerverhalten», als «lästig» empfunden, und dementsprechend reagiert er mit Zurückweisung. Das Kleinkind aber verliert sich in einem fortdauernden, immer ängstlicher werdenden Tasten nach bleibender Bestätigung seines Daseins.

Dies führt zur Entwicklung eines porösen, durchlässigen Tastsinns im ersten Jahrsiebt, weshalb das Ich sich teilweise (und bei Angst und Spannungszuständen völlig) außerhalb des Leibes erlebt.

Statt einen inneren Kern zu entwickeln, entfalten sich unzählige äußere Selbstwahrnehmungsstandpunkte, von denen aus sich der Patient abwechselnd immer wieder anders wahrnimmt. Statt einen festen Bezug zu seinem Leib aufzubauen, bleibt er verhängnisvoll an der Außenwelt haften.

Eine 28jährige Borderline-Patientin mußte sich schlagen, um sich, während sie von Ängsten überflutet wurde, noch spüren zu können. Eine 45jährige Patientin erinnert sich, als 7jährige die Haut an Hausmauern aufgerieben zu haben, weil sie sich wie ausgelöscht empfand. Eine 40jährige erinnert sich, daß sie sich als Kleinkind an Baumrinde rieb, um ein Körpergefühl zu bekommen. Eine 38jährige erinnert sich daran, wie sie sich als Schulkind an der Schulmauer festgeklammert hat, um Leibeskraft zu spüren. Eine 28jährige reißt sich die Haare aus, damit sie beim Denken nicht von Gedanken anderer Personen beeinträchtigt wird.

Es gibt zahllose Beispiele dieser Art, und es wäre ein kardinaler therapeutischer Fehler, diese Verhaltensweisen als introjizierte Auto-Aggression zu deuten, da es sich hier um einen primären Mangel an Körpergefühl bzw. Bezug zum eigenen Körper handelt. Es ist durchaus üblich, daß die Patienten dabei die zweite Hälfte der Sätze («... um mich noch spüren zu können») nicht spontan mitteilen, da sie sich gar nicht anders kennen und ihre ungewöhnlichen Impulse nicht einordnen können und sich wegen ihrer Andersartigkeit schämen.

Das zweite Jahrsiebt:
Der Freiraum zum Denken wird zum bewußten Fühlraum

Im zweiten Jahrsiebt wirkt sich dieser unvollständige Einzug in den Leib noch fataler aus: Bei jedem Kind entsteht ein ätherischer Freiraum im Nerven-Sinnesbereich zur Wahrnehmung, zum Ordnen und zum Verständnis der Umwelt. Die Erzieher und die Eltern sollten aufgrund ihrer eigenen Erziehungsautorität dem Schulkind ein Verständnis der Welt vermitteln, von ihrer nicht explizit ausgesprochenen, übergeordneten sozial-moralischen Warte aus. Sicherlich ist es nicht das Hauptziel der Erziehung, die eigenständige Wahrnehmung des Kindes bewußt zu beeinflussen oder zu manipulieren; Schilderungen von Borderline-Patienten über ihre Erziehung als Schulkind weisen darauf hin, daß sie nicht haben hören, sehen und erfahren dürfen, was sie gesehen, gehört, erfahren haben; das heißt, daß ihnen in dieser Zeit nicht die Freiheit gelassen wurde, einen eigenen Ansatz zum Verständnis ihrer Umwelt zu entwickeln; vielmehr wurde ihr Verständnis derart von Urteilen, Ansichten, Maximen und Paradoxen der Erwachsenenwelt geprägt, daß ihre Wahrnehmung und ihr Denken davon zunehmend getrübt wurden. Auffallend oft werden folgende Kommunikationsmuster von seiten des sozialen Umfeldes (Primärfamilie, Schule, Kirche) erlebt:

– widersprüchliche, verstrickende oder sogenannte paradoxe Verhaltensweisen oder Moralvorschriften
– wechselnde, unvorhersehbare Erwartungen und Idealvorstellungen
– Anklagen oder Schuldzuweisungen aus nicht nachvollziehbaren Gründen
– Ausschlüsse aus dem Bezugssystem ohne verständlichen Grund

Nicht wenige Patienten erinnern sich daran, daß man ihnen – trotz aller guten Absichten, Anstrengungen und Leistungen – Versäumnisse, Vernachlässigungen und Versagen vorwarf und daß sie keinem je etwas recht machen konnten. Sie entwickeln eine hellfühlende Sensibilität für unausgesprochene Erwartungen, die noch im Erwachsenenalter anhält, und sind verwirrt, ja geängstigt, wenn mehrere Personen eines Bezugssystems widersprüchliche Erwartungen an sie richten. Diese Angst kann sich beim drohenden Ausschluß aus dem Bezugssystem bis zur Panik steigern, wenn keine Vertrauenspersonen im System vorhanden sind (z.B. in religiösen Schulen oder besonderen Familiensystemen).

Statt die Wahrnehmung und das ordnende, verstehende Denken auszubilden, wird in diesem Alter die Seelenqualität des Fühlens wachgerufen. Es entwickelt sich eine übersteigerte Einfühlungsgabe, die das Denken übergreift (siehe Abbildung S. 87). Dieses besondere Fühlvermögen bis hin zu hellfühlenden Vorausahnungen gehört zu den notwendigen Überlebenstechniken eines solchermaßen in seiner gesunden Entwicklung beeinträchtigten Menschen.

Es ist eine der erschütterndsten «Errungenschaften» dieses Alters, daß die Kinder gefühlsmäßig-wissend Dinge ahnen (z.B. gespensterhafte Geheimnisse der Vergangenheit, Kriegserlebnisse, Familiengeheimnisse oder Krankheiten), über die nie gesprochen wurde oder die niemals erwähnt werden dürfen. So spaltet sich die wahrzunehmende Welt in erlaubte und nicht erlaubte Phänomene, in eine gespaltene Welt mit taghellem Bewußtsein einerseits und einem «Alptraum-Dunkel» andererseits.

Statt Wahrheitsgefühl erwacht im Denken eine gespaltene Wahrnehmungswelt.

Rudolf Steiner zeigt in seinen medizinischen und pädagogischen Schriften und Vorträgen auf, wie sich im Schulalter zunächst das rhythmische Leibessystem ausbilden muß und erst ab der Pubertät frei werden darf zum Urteilen und Fühlen in Sympathie und Antipathie. Werden diese Urteilskräfte zu früh dem Wachstum entzogen, dann fehlen sie zur vollständigen Entwicklung des rhythmischen Systems. Manche Patienten empfinden daher stichartige Schmerzen hinter dem Brustbein oder spüren an dieser Stelle einen Hohlraum.

Die frei gewordenen Wachstumskräfte des rhythmischen Systems stehen jetzt dem Eigenurteil, der Selbstempfindung und den eigenen Gefühlen zur Verfügung. Überdies entwickelt sich der Empfindungsleib in diesem Jahrsiebt. Dieser ist die Stelle im Organismus, wo die Seele am Leibe bildend wirksam ist. Er erstreckt sich überall da, wo der Mensch sich durch Berührung oder durch Empfindung selbst wahrnehmen kann und ist die körperliche Grundlage für die Empfindungsseelen-Vorgänge.

Bei den Borderline-Störungen erwacht im Pubertätsalter die Seele in einer ätherisch-leiblichen Organisation, in der schon während des Schulalters tüchtige seelische Arbeit geleistet werden mußte. Das heißt, daß das Seelengebiet schon in der oben beschriebenen Art «besetzt» worden ist. Die Berührungen und Empfindungen, welche vom Empfindungsleib der Empfindungsseele übermittelt werden, finden nur ein schwaches Echo in einer Seele, die sich hauptsächlich ihrem Überleben im sozialen Umfeld widmen muß.

Überdies lodert die Frage der Daseinsschuld in dieser Zeit verstärkt auf, weil den Erziehern gegenüber die Schuldfrage bewußter erlebt wird. Sie schwächt den Eigenwillen und die seelische Begierde nach Lebenserfahrungen und Zielsetzungen. Die allmählich einsetzende innere Unruhe, die Konflikte zwischen Anpassung oder Flucht, zwischen Beschränkung oder Ausbrechen wirken alle lähmend und sind Vorboten einer ständigen Gefahr, zu implodieren oder zu explodieren. Hinter der vordergründigen Langeweile ringt die Seele ums Überleben.

Oft entstehen aufgrund des Gefühls, ein Außenseiter zu sein, depressive Stimmungen. Daneben kann das Bedürfnis zum lärmenden Ausbrechen bestehen, um bei den Altersgenossen dazuzugehören. Depressionsgefühle wechseln mit überspannten Erwartungen und Bestrebungen zu Spitzenleistungen vor dem Hintergrund von Heimweh und einer tiefen himmlischen Sehnsucht.

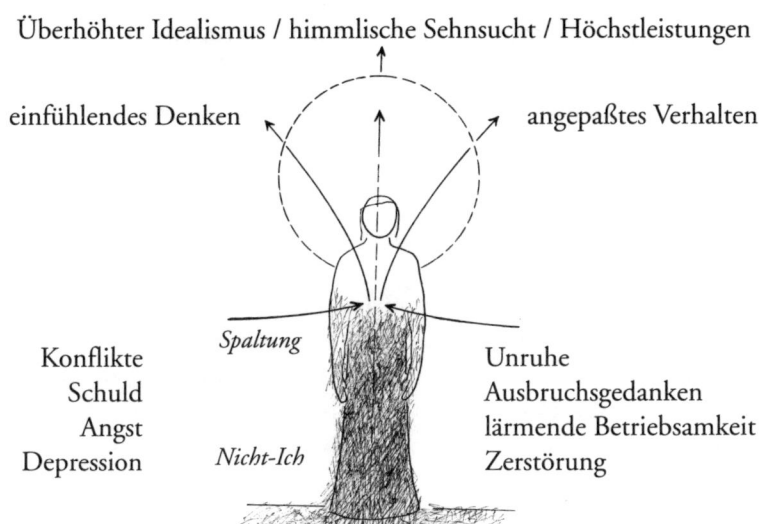

Überhöhter Idealismus / himmlische Sehnsucht / Höchstleistungen

einfühlendes Denken ← → angepaßtes Verhalten

Konflikte	*Spaltung*	Unruhe
Schuld		Ausbruchsgedanken
Angst		lärmende Betriebsamkeit
Depression	*Nicht-Ich*	Zerstörung

Die individuelle Seele bringt ihre Fähigkeiten, Interessen, Begabungen und ihre Lebensorientierung mit. Ist es eine kräftige Seele, dann schafft sie oft sozial, intellektuell oder künstlerisch herausragende, individuelle Leistungen, die große Bedeutung im Lebenslauf gewinnen können. Ist es aber eine schwächere Seele, dann erweisen sich die Umgebungseinflüsse der ersten zwei Jahrsiebte als übermächtige Bildekräfte, vor denen die Seele nur zurückweichen kann.

89

Die klinische Erfahrung des Therapeuten
als phänomenologische Grundlage.
Sind dynamische Kategorien zu finden?

Die innere Leere

Die innere Leere ist bei den betroffenen Patienten eine unterschwellig dauernd schlummernde innerseelische Konfiguration. Sie kommt erst zu Bewußtsein, wenn die dringlich ersehnte Ausfüllung durch die Außenwelt ausbleibt bzw. wenn ein «Borderline-Entsetzen» ausgelöst wird. In den folgenden Absätzen werden einzelne Aspekte dieser Konfiguration ausgeführt.

Ich / Nicht-Ich

Bei den Borderline-Patienten wirkt der Wille, der sich im physischen Leib als Instinkt, im Lebensleib als Trieb und im Seelenleib als Begierde bemerkbar macht, nicht als anregende Kraft für die eigene Biographie, sondern wird als bloße Unruhe oder Aufregung empfunden. Für die Zielsetzungen des Lebens-, ja schon eines Tagesprogramms stehen der betreffenden Person diese Willenskräfte nicht ohne weiteres zur Verfügung; sie richten sich statt dessen teilweise oder vollständig auf von anderen erwünschte/gewollte bzw. aufgetragene Ziele oder auf Willensvorstellungen, deren Inhalt vermeintlich von der Umwelt gefordert wird. So wird die Quelle der willenshaften Zielsetzungen hinausverlagert auf die Umwelt und deren Inhalt letzten Endes von jener geprägt. Dabei ist «Umwelt» im weiteren Sinne gemeint, z.B. in Form von Idealen der Liebe, Weltauffassungen, Religion, sozialen Theorien oder Ideologien (z.B. bei der Erziehung, den Frauenrechten, kulturellen oder Familien- bzw. Gemeinschaftsangelegenheiten).

Die Erfüllung ureigenster Wünsche, Bedürfnisse oder Ziele wird dabei von der unausgesprochenen Genehmigung durch andere abhängig gemacht und beispielsweise erreicht durch die Rolle als Patient, Frau, Partner, Systemangehöriger, sich Aufopfernder, Opfer und ähnliches. Auch hier verbindet sich die Eigenverantwortung nicht grundsätzlich mit den eigenen Bedürfnissen oder Zielen. Wo das «Ich» walten sollte, waltet ein «Nicht-Ich».

So entwickelt die Seele eine Geste des «Spreizens», um eine Pflicht zu erfüllen, in der das Selbst erlöscht, und eine Geste des «Ballens», des Zusammenkrampfens im Kampf um das vermeintliche Recht.

Insgesamt entzieht sich dadurch die wollend-handelnde Person als Willensmensch der Verantwortung für die Taten als solche, da sie nicht aus freiem Willen handelt. Ein flexibles innerseelisches «Anwaltskollektiv» steht der handelnden Person zur Verfügung, um drohenden Beschuldigungen vorzubeugen oder durch Gegenvorwürfe zu begegnen. Gelingt dies nicht, dann droht die Leere. Denn eine solche innerseelische Dynamik beeinträchtigt das Erinnerungsvermögen für die ureigensten Ziele, Pläne, Verabredungen und Orientierungen aufs stärkste.

Geliehene Persönlichkeiten

Aus dem Vorherigen läßt sich ableiten, daß das Ausweichen vor der Verantwortung bzw. deren endgültige Ablehnung für das eigene Tun gerade dann Probleme auslöst, wenn es um enge Abhängigkeitsverhältnisse zwischen Partnern (z.B. Eltern und Kindern) geht. In diesen primären Verhältnissen versucht der Borderline-Patient unter Umständen, mit der Bezugsperson zu verschmelzen, um sich den wechselnden Anforderungen der Umwelt besser anpassen zu können. Innerhalb der Beziehung schwindet die Fähigkeit, sich an von anderen geleistete Hilfen, Stützen oder durch sie Ertragenes zu erinnern. Alles wird als selbstverständlich von diesen Bezugspersonen erwartet, denn sie gehören dem durch diese «Leih-Personen» erweiterten Borderline-Selbst an. «Es geht immer wieder von vorne los, es ist, als ob ich nie etwas für dich getan hätte; ich kann machen was ich will, es genügt nie; nach allem, was ich getan habe, so eine gemeine Reaktion; dabei dreht sich alles seit Jahren um dich» – so hört man die Bezugspersonen der Borderline-Patienten verzweifelt sagen.

Spaltung

Aus dem bisher Gesagten wird deutlich, daß die Spaltung ein Kernphänomen des Borderline-Syndroms ist. Wo eine Seele ohne Mitte waltet, ist sie den polaren Gewalten der Seele ausgeliefert.

Im physisch-räumlichen, im ätherischen und im astralischen Menschen wirken Kräfte der Schwere und des Lichtes, wirken außerdem gestaltende Kräfte des Luziferischen und des Ahrimanischen. Es ist die Aufgabe des Menschen, statt einer Wechselbeziehung zwischen Licht und Dunkel, Kosmos und Erde, Selbst und Welt, einen Freiraum zu schaffen, in den das Ich einziehen kann, um aus und mit diesen Polaritäten schöpferisch zu werden. Dieses Ich sollte als «Dritter im Bunde» das spezifisch Menschliche in die Welt hineinbringen und sich als solches dem Welten-Ich vereinen.

Wir haben ausgeführt, wie es dazu kommen kann, daß sich dieser Freiraum in den ersten drei Jahrsiebten nicht zu entwickeln vermag. Wenn die Hüllen verkrüppelt sind, kann das Ich nicht einziehen, um mittels dieser Hüllen seine Fähigkeiten zu äußern. Aus diesem Hinweis Rudolf Steiners wird verständlich, daß schwere Depressionen oder Suizidversuche im jungen Erwachsenenalter die Folge sein können. Auf der anderen Seite haben wir eine Seele vor uns, die schon von sich aus, neben einer Neigung zum Höheren, Idealistischen (und unter Umständen ausgestattet mit besonderen Begabungen) auch eine erhöhte Empfindsamkeit gegenüber den Erden-Enttäuschungen und schließlich auch sich selbst gegenüber hat.

Das aufgesplitterte Selbst

Nachfolgend wird skizzenhaft das Borderline-System dargestellt:

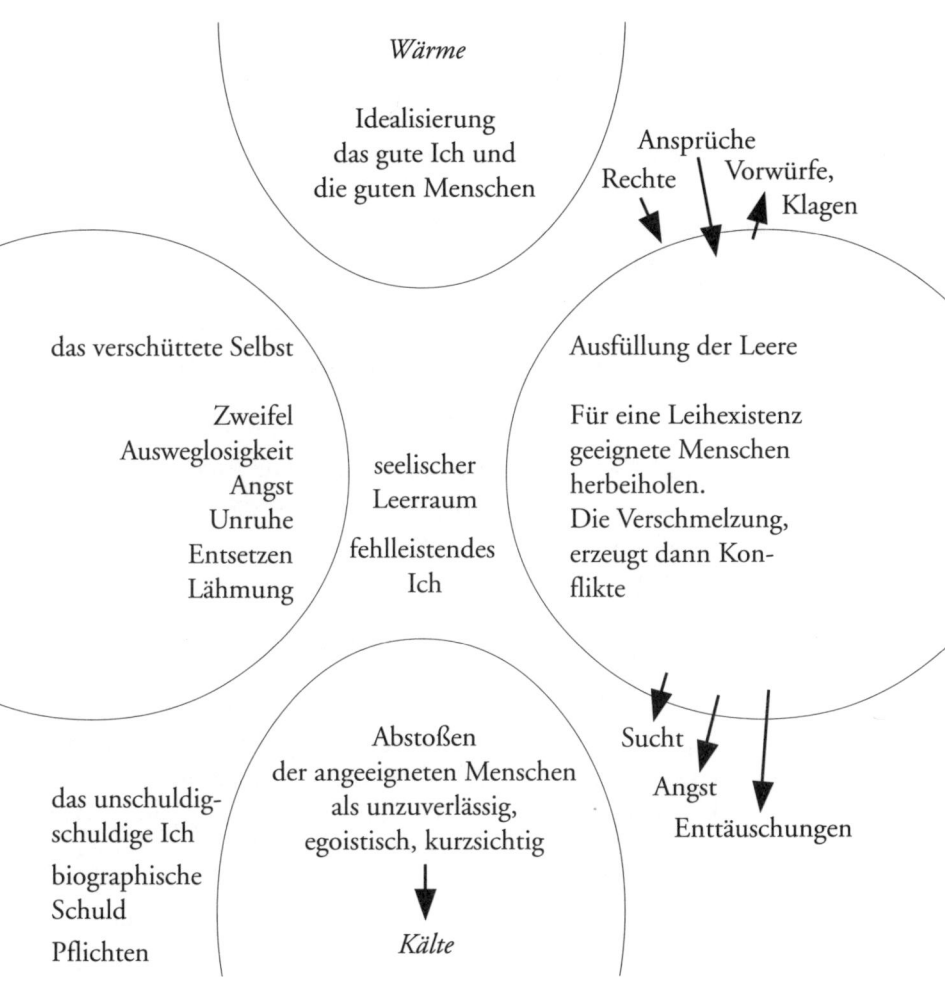

Wärme

Idealisierung
das gute Ich und
die guten Menschen

Ansprüche
Rechte Vorwürfe,
Klagen

das verschüttete Selbst

Zweifel
Ausweglosigkeit
Angst
Unruhe
Entsetzen
Lähmung

seelischer
Leerraum

fehlleistendes
Ich

Ausfüllung der Leere

Für eine Leihexistenz
geeignete Menschen
herbeiholen.
Die Verschmelzung,
erzeugt dann Kon-
flikte

das unschuldig-
schuldige Ich

biographische
Schuld

Pflichten

Abstoßen
der angeeigneten Menschen
als unzuverlässig,
egoistisch, kurzsichtig

Sucht

Angst

Enttäuschungen

Kälte

Ein Grundzug des Borderline-Kräftesystems ist das starke Bedürfnis nach Ausfüllung des inneren Seelenraums durch andere Menschen. Die Leere wirkt suchtartig, und der aus den Tiefen stammenden Unruhe im körperlich-seelischen Bereich begegnen im denkenden, fühlenden Haupte eine Unzahl von scheinbar zwingenden Ideen und Möglichkeiten. In der Verschmelzung mit anderen Menschen können daher entweder Konflikte entstehen oder aber die Seele droht sich selbst zu verlieren. Dann entsteht das vermeintliche Recht, die Verschmelzung aufzulösen, sich im Groll zurückzuziehen oder unter Vorwürfen die Bezugsperson zu entfernen. Daraus entstehen ein mächtig erlebtes Schuldgefühl und unmittelbar anschließend Ängste vor Beziehungsverlusten.

So bildet sich aufgrund einer bestimmten – wahrscheinlich hochempfindlichen – Eigenkonstitution im Laufe der biographischen Entwicklung eine Überlebensstrategie heraus, die sich so auswirkt, daß

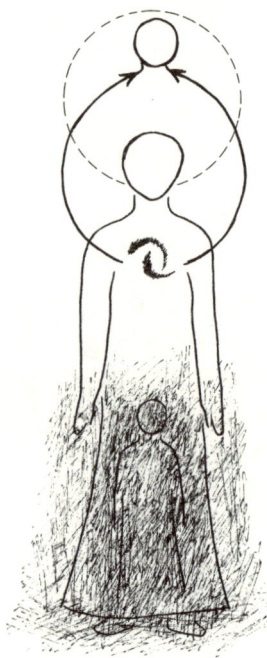

(1) das Denken sich der Umwelt gegenüber zum fast hellfühlenden Wahrnehmungsraum entwickelt, zum idealistischen Raum

(2) die ursprüngliche Mitte sich entzweit (vgl. die Bilder S. 72 und S. 73)

(3) und der noch zu entwickelnde Eigenwille und die in statu nascendi befindliche Eigenpersönlichkeit im dunklen Gebiet der Willenskräfte, im Stoffwechsel-Gliedmaßen-Menschen, verbleiben müssen und so zu einem schattenhaften, destruierten und destruierenden Nicht-Ich werden.

Orientierende Hinweise zur Psychotherapie

Methodische Multimodalität

Das von vielen Forschern erwähnte Bedürfnis, die himmlisch-mütterliche Fürsorge nachzuholen, trifft auf die meisten Patienten mehr oder weniger ausgesprochen zu. Auf der Psychotherapie lastet die Sehnsucht nach der unendlichen Beziehung voller einfühlsamer Zuwendung, in der man sich zutiefst verstanden fühlen will und in der man straffrei und ohne jegliche Einschränkung man selbst sein kann.

Es handelt sich jedoch um eine komplexe Entwicklungsstörung der Wesensglieder, wobei diese in- und durcheinander geschoben sind oder zwischen ihnen nur eine unvollständige Beziehung hergestellt worden ist. Vom Psychotherapeuten wird die Fähigkeit zu einer gleichzeitigen Fokussierung auf alle Wesensglieder und die dazugehörigen Modelle für eine altersentsprechende Entwicklung der ersten drei Jahrsiebte verlangt.

Wie es möglich ist, sich in die verschiedenen Jahrsiebte einzuleben, das kann hier nur skizzenhaft umrissen und andeutungsweise erörtert werden. Fachwissenschaftlich und geisteswissenschaftlich sei vorausgesetzt, daß der Therapeut sich über die Entwicklungsgesetzmäßigkeiten der ersten drei Jahrsiebte kundig gemacht hat.[15]

Aber das reine Wissen um die Entwicklungsphasen genügt nicht. Vor allem sollte man sich diese Phasen von der Innenseite und von unzähligen sozialen Verhältnissen beeinflußt, meditativ mehrfach vorstellen. Beginnend mit den ersten Wachstumsjahren (0-3 J.), stelle man sich vor, man lebte innerhalb des heranwachsenden Menschenwesens und sei leiblich-seelisch völlig abhängig von den Ur-Bezugspersonen und einzig an ihnen orientiert; man übe meditativ die innere Dynamik der sich entwickelnden unteren Sinne und vergegenwärtige sich, wie es innerlich auf den Gleichgewichtssinn wirkt, wenn zum Beispiel Bezugspersonen ständig kämpfen oder sich mit anderen abwechseln; oder welche Sogwirkung von der chronisch-depressiven Stimmung einer

95

Bezugsperson ausgeht – wie sie im eigenen Innern, anstatt den Lebenssinn zu stärken, eine lähmende Lebensleere erzeugt. Oder auch, wie eine abwehrende, vielleicht innerlich abwesende Bezugsperson den Bewegungssinn beeinflußt und eine verunsicherte, zögernde Komm-und-geh-Gestik bewirkt.

Es weitet sich diese Phase. Man stelle sich nun die Innen-Außen-Stimmung eines 7-9jährigen Kindes vor, mit seiner Lust am Können, am Spielen, aber jetzt auch am Wissen, wie alles funktioniert in dieser größer und größer werdenden Umwelt; aber nicht bloß mit Lust, sondern auch mit einer gewissen Bange, ob man's schafft, ob man der sich weitenden Lebensschicht gewachsen ist. Dazu stelle man sich vor, wie es auf einen wirkt, wenn die Bezugspersonen enttäuscht darüber sind, daß man einzelne Fähigkeiten noch nicht entwickelt hat; wie es einen ängstlich macht oder maßlos beunruhigt, wenn man tagsüber und besonders nachts auf sich selber achten muß in der von den Eltern verlassenen Wohnung; oder wie es das wahrnehmende Auge, das zwischenmenschliche Vertrauen verwirrt, wenn man lernen muß zu «sehen», wie gut der böse dreinschauende Mann es meint; und wie man Vater nicht liebhaben darf oder Mutter nicht besuchen soll.

Auf diese Weise verbindet man theoretisches Wissen um die Entwicklung der Leibeshüllen des jungen Menschen und seine konkreten Lebenssituationen mit einem innerlich-schauenden Üben. So bildet sich allmählich eine urbildliche, imaginative Ebene der sozialen und pädagogischen Wirkungen auf die unterschiedlichen Hüllen, die dem Menschen während des Heranwachsens bereitet worden sind und in denen das Ich – bisher vergeblich – seine Stelle einzunehmen versucht.

Es ist diese Ebene, auf der man dem individuellen Patienten begegnen – und seine Entwicklungsschritte nachvollziehen kann. Sie befähigt den Therapeuten, die späteren Altersphasen im Lebenslauf des Patienten im Lichte der Spiegelungen der ersten Jahrsiebte mit einzubeziehen als physische respektive ätherische und astralische Grundlagen der Hüllen. Es ist diese Ebene, auf der ein Therapeut nachfolgend innerlich die Frage bewegen kann: Welche Beziehungen hat diese

Persönlichkeit bereits zu ihrem höheren Ich und welche ist sie imstande zu entwickeln?

In diesem Sinne sind die untenstehenden Hinweise auf die einzelnen Jahrsiebte gemeint.

Die betreffenden Hüllen der Patienten werden so während der Psychotherapie allmählich gleichsam wie in einem holographischen Bild in ihren wechselseitigen (zer-)störenden und trübenden Wirkungen durchsichtig. Was in der Erziehung der ersten drei Jahrsiebte nacheinander geschah, wirkt jetzt in einer komplex-kompakten Synchronizität. Große therapeutische Beweglichkeit ist erforderlich, um das mit einem mehrschichtigen Blick zu durchschauen und diese trüben, zerstörenden Wirkungen innerhalb einer multimodalen Therapie zu verändern. Zudem bietet der Psychotherapeut durch seine eigenen Hüllen eine sichere Situation, eine Orientierung, eine vom Ich gesteuerte, gezielte Begegnung an. Regression – obzwar vom Patienten ersehnt – hat dabei nur vorübergehend eine entlastende Wirkung, denn dem, was von einer Hülle des Patienten ersehnt wird, bringen andere Hüllen Mißtrauen entgegen. In der Realität der therapeutischen Situation wird selbstverständlich anfangs immer wieder das Borderline-Bezugssystem des Patienten reaktiviert; es macht ihn wachsam gegenüber allen enttäuschenden Unterlassungen, die der Therapeut begeht, und davon drohen die bereits erlebten «guten Momente» überdeckt zu werden.

Die Therapieschritte

Hier sollen skizzenhaft und in loser Folge die wesentlichen Schritte des psychotherapeutischen Prozesses dargestellt werden.

Der Therapeut versucht sich die Erziehungssituation und die Umgebung, in der die Borderline-Person aufgewachsen ist, in allen Schichten vor Augen zu stellen. Er fragt sich: Wie würde diese Umgebung auf mich selbst wirken? Welche untersinnlichen, leiblichen und leiblich-seelischen gestaltenden Wirkungen übt eine solche Umgebung aus?

Hauptziel ist dabei, sich Imaginationen für die Summe der hüllen-gestaltenden Kräfte zu erwerben. Der Therapeut versucht eine bild-hafte Vorstellung von der Person zu entwickeln: Welche Qualitäten weist sie auf, zwischen welchen Polaritäten oszilliert gerade diese See-le, wie ist es um den Willen bestellt, wie um die Begabungen, mit welchen Kräften setzt diese Person ihre Biographie durch?

Aufgrund wachsender Intuitionen und bildhafter Vorstellungen versucht der Therapeut die innere Seelendynamik des Borderline-Patienten so nachzuvollziehen, daß die Gestik des Patienten gefühls-mäßig als berechtigt erscheinen kann (1. Jahrsiebt).

Zunehmend werden konkrete Auseinandersetzungen mit Beschrän-kungen oder Enttäuschungen durch den Therapeuten, Eifersucht, Schmerz, Ablehnung, Streit und Rückfälle mit einbezogen. Hieran zeigt sich, in welchem Maße die betreffende Persönlichkeit mit dem Borderline-System verwachsen ist – ob sie mit diesem kongruiert – beziehungsweise wieviel Kraft, Sehnsucht oder Wille darüber hinaus zur Verfügung steht, um sich aus diesem ausweglos erscheinenden Gefängnis zu befreien (1. und 4. Jahrsiebt).

Es werden mehr und mehr konkrete Lebenssituationen des Patien-ten in ihren Ursache/Wirkungs-Sequenzen entwirrt und beleuchtet. Dem entspricht ein wachsendes Bedürfnis, gedanklich ordnend zu durchdringen, warum sich die Abläufe immer wieder in derselben Weise wiederholen, und mehr über diese Gesetzmäßigkeiten zu erfah-ren. Im Grunde besteht jedoch noch die Sehnsucht, daß sich «die anderen ändern mögen» (2. und 5. Jahrsiebt).

Erst in einem weiteren Schritt kann der Therapeut allmählich zur Selbstwahrnehmung anregen. Er kann besprechen, ob andere als die gewohnten Interaktionen möglich sind, und diese vielleicht an all-gemeinen, typischen Beispielen beleuchten oder durchspielen be-ziehungsweise im Alltagsleben ausprobieren lassen. Es weitet sich langsam der Freiraum zum Denken (9. -10. Lebensjahr. bzw. ab dem 33. Lebensjahr) und infolgedessen zeigt sich ein leises Heranwachsen authentischer Vorstellungen eines autonomen Willens.

Es kündigt sich der nächste Schritt an, wenn der Patient den Versuch wagt, innerlich von dieser oder jener Situation oder Verhaltensweise Abstand zu nehmen und sich fragen kann, was ein anderer davon hält, oder wie es anders hätte sein können. Mit diesem Schritt wird das bisherige zwanghafte Verurteilen der Umwelt bzw. seiner selbst aus dem Automatismus der Borderline-Dynamik herausgelöst und hingelenkt zu einem bewußten, gemeinsam nachvollziehbaren, selbstgefällten Urteil. Es weitet sich hier der zweite Innenraum, der des Fühlens. Zwischen Schwarz und Weiß sind nun Farben möglich (3. Jahrsiebt).

Der Therapeut arbeitet auf eine Erweiterung des fühlend-empfindenden Wahrnehmens der Umwelt hin, das bisher aus Angst vor Beziehungsverlusten oder «seelischem Tod» gehemmt wurde. Behutsam werden konkrete Lebenssituationen herausgearbeitet und neu empfunden. Der Empfindungsleib erwacht, die Empfindungsseele wird bewußt wahrgenommen. Statt Leere und Lähmung können bisher nicht erlebte oder unbewußte – oft erschütternde – Gefühle erlebt werden und neue Einblicke in die eigene Lebenswelt sich eröffnen. Im Aushalten dieser Empfindungen und bei dem Versuch, diese als «meine Gefühle» zu integrieren, erwacht das Selbst in der Seele (3. und 4. Jahrsiebt), und infolgedessen traut sich auch das Gefühl immer mehr, mit dem autonomen Willen hervorzutreten.

Der Einzug in den eigenen Fühlraum erfordert größten Kraftaufwand im Ringen mit Eigenliebe, Selbstüberschätzung und Selbstentwertungen. Diese Anstrengung, die zwangsläufig entstandene Selbstbezogenheit der Borderline-Persönlichkeit zu überwinden, kann schließlich zu einer Befreiung führen, in der die Wahrheit wichtiger geworden ist als das Selbst. An diesen Stellen findet der Einzug des Ich ins rhythmische System, das Zentrum der Seele statt, oft begleitet von einer neuen Qualität «biographischen Gewissens», wobei dem Betroffenen die eigenen Lebensfehler bewußt werden.

»Die Wahrheit war für die Beziehung nicht ohne Gefahr, aber sie war mir wichtig. Zitternd habe ich sie ausgesprochen, dann war ich wie befreit», berichtet eine Borderline-Patientin.

Selbstverständlich kann bei Menschen mit Borderline-Störungen auch nach Abschluß der Therapie eine besondere Empfindlichkeit für diejenigen Situationen zurückbleiben, die früher auslösend für die Problematik waren – vor allem, wenn sie unerwartet eintreten. Der Patient durchläuft in solchen Momenten blitzartig die früheren inneren oder äußeren Desorientierungen in den Bereichen des denkenden-fühlenden-wollenden Seins. Aber mit seinem heranwachsenden Ich kann er sie als solche wiedererkennen und sich dazu entschließen, sich auch danach anders zu verhalten als früher.

«Dies ist mein Leib»

Wenn sich die Borderline-Persönlichkeit im rhythmischen System einen Freiraum geschaffen und darin Einzug gehalten hat, bleibt ihr noch als letzter Schritt, den unteren Menschen zu erobern.

Die Borderline-Persönlichkeiten erleben jetzt die Auswirkungen der Beziehungslosigkeit im physisch-ätherischen unteren Menschen. Es sind die Wirkungen der Gestalten und Lebewesen, die sie während der Phase der floriden (voll in Erscheinung tretenden) Pathologie fürchteten und denen sie nachts voller Angst und lähmendem Entsetzen begegnet sind.

Gelingt es, mit dem Ich in die unteren/inneren Sinne und die Lebensprozesse des unteren Menschen «einzusteigen» – beispielsweise durch in dieser Phase auftretende Fieber- oder andere Krankheitszustände, durch Krisen oder Erschöpfungszustände beziehungsweise einen hoffnungslos erscheinenden Rückfall – und findet der Mensch die Kraft, aufrecht und mutig zu stehen und aus der Autonomie hervorgehende Willenshandlungen durchzutragen, dann kann er erleben, wie es ist, sich in dem eigenen, wenn auch «wunden» Körper «ganz» zu fühlen. Dieses Erlebnis wirkt wie eine Neugeburt: «Et incarnatus est».

Es wird erlebt
- wie die vom Göttlichen losgelösten Erziehungskräfte nicht ausreichten, um die leibliche Grundlage zu ergreifen
- wie aus den eigenen seelischen Kräften nur Spitzenleistungen und andere Überlebensstrategien hervorgebracht werden konnten

– wie dies zur scheinbaren Ausweglosigkeit führte und
– wie aus dieser Ausweglosigkeit nur durch eine das eigene Selbst un-
ter- und übersteigende Kraft die Inkarnation nachvollzogen werden
konnte.

Hugo Solms hat darauf hingewiesen, wie dieser Weg über die Psychoanalyse hinaus zu dem Christusweg in der Psychotherapie führt.
Dieser Christusweg wird von der Borderline-Persönlichkeit nachvollzogen, wenn sie den Weg der Umarbeitung des Vaterunsers geht, «das
eigene Ich dem Welten-Ich» wieder zu vereinen.

Anmerkungen

Dieser Beitrag ist aus der Sicht der Psychotherapie, das heißt der Gesprächsthera-
pie, geschrieben. Es sei angemerkt, daß die Behandlung von Borderline-Störungen
im Grunde immer ein Gesamtkonzept von mehreren aufeinander abgestimmten
Therapien umfaßt, die den Patienten als ganzes Menschenwesen im Blick haben.

1 Rudolf Steiner, Vortrag vom 31. Oktober 1920, in: GA 200.

2 Rudolf Steiner, Vortrag vom 30. Oktober 1920, in: GA 200.

3 Siehe auch Jesaiah Ben-Aharon, *The new experience of the supersensible*,
London 1995, 3. Kapitel (Übersetzung siehe Literaturverzeichnis).

4 Rudolf Steiner, Vortrag vom 23. März 1919, in: GA 190.

5 Grundlegendes zur Dreigliedrigkeit des menschlichen Organismus und zum
rhythmischen System im besonderen findet sich in den Schriften und Vorträgen Rudolf Steiners u.a. in: *Von Seelenrätseln*, GA 21 und in *Allgemeine
Menschenkunde als Grundlage der Pädagogik (I)*, GA 293.

6 Siehe hierzu die Ausführungen Rudolf Steiners in folgenden Zusammenhängen: *Allgemeine Menschenkunde als Grundlage der Pädagogik* (GA 293);
Von Seelenrätseln (GA 21); *Innere Entwicklungsimpulse der Menschheit* (GA
171), Vortrag vom 30. September 1916; *Erdenwissen und Himmelserkenntnis*
(GA 221), Vortrag vom 17. Februar 1923; *Vorträge und Kurse über christlich-
religiöses Wirken, V* (GA 346), Vortrag vom 15. September 1924; *Das Leben
zwischen dem Tode und der neuen Geburt* (GA 141), Vortrag vom 10. Dezember 1912 und *Die Verbindung zwischen Lebenden und Toten* (GA 168).

7 Rudolf Steiner, Vortrag vom 5. April 1919, in: GA 190, S. 122ff.

8 siehe Anmerkung 6.

9 Rudolf Steiner, «Wie kann die seelische Not der Gegenwart überwunden
werden?», Vortrag vom 10. Oktober 1916, in: GA 168, S. 97.

10 Siehe ebenda, S. 97f.
11 Zu dem, was in Träumen sich abspielt, zum Wahrnehmen des Ätherleibes, siehe Rudolf Steiners Vortrag vom 18. April 1914, in: GA 154. Sowie ergänzend, insbesondere in bezug auf die Erziehung des Kindes, folgende Vorträge Rudolf Steiners: 9. August 1919, in: GA 196, S. 18. und 21. August 1919, in: GA 293, S. 26f.
Vortrag vom 22. April 1920, in: GA 301, bes. S. 52f. und 57.
Vgl dazu auch die Forschungsberichte von G.Boyesen: «Are we all survivors of cot-death?» und Mol. Boyesen: «The Infant & The Alpha», beide in *Journal of biodynamic psychology 2*, 1981. Sowie S. Fraiberg e.a., «Ghosts in the nursery», in : *Journal of American Child Psychiatry 14*, 1975.
12 Rudolf Steiner, Vortrag vom 21. August 1919, in: GA 293, S. 25 und 26.
13 Rudolf Steiner u. Ita Wegman, *Grundlegendes für eine Erweiterung der Heilkunst nach geisteswissenschaftlichen Erkenntnissen*, VI. Kapitel: Blut und Nerv, GA 27, S. 41.
14 Rudolf Steiner, *Aus der Akasha-Forschung. Das fünfte Evangelium*, Vorträge vom 3. Oktober und 22. November 1913, GA 148. Zu dem Wort AUM siehe Hinweise in GA 148, S. 333 sowie den Abdruck in: *Anweisungen für eine esoterische Schulung*, GA 245, S. 129.
15 Siehe dazu die pädagogischen Vorträge und Schriften Rudolf Steiners sowie auch M. Mahler, *The Psychological Birth of the Human Infant*.

Literatur

Beck, Dieter: Vorträge zum Borderline-Syndrom. Gehalten in der Husemann Klinik 1993 und in der Lievegoed Klinik l994.(Aus den Vortragsmitschriften einiger Anwesender.)

Ben-Aharon, Jesaiah: *The new experience of the supersensible*, London 1995. Deutsch: *Die neue Erfahrung des Übersinnlichen*. Das anthroposophische Erkenntnisdrama der Wiederkunft. Dornach 1997.

Dekkers, A.D.: «Über soziale Allergie, über Neurose und anti-Neurose», in: *Ausbildung zu einer anthroposophisch orientierten Psychotherapie*, 1995.

Gruen, Arno: *Der frühe Abschied*, München 1988.

Mahler, Margaret S. / Pine, Fred / Bergman, Anni: *The Psychological Birth of the Human Infant*. New York 1975. Deutsch: *Die psychische Geburt des Menschen*. Frankfurt am Main [13]1996.

Minne, Wilfried: Vorträge zum Borderline-Syndrom. Gehalten in Zeist 1993 und an der Lievegoed Klinik 1994. (Aus den Vortragsmitschriften einiger Anwesender.)

Solms, Hugo: «Aufzeichnungen ‹von Oidipus zu Faust.›»; «Wege der Psychoanalyse oder Wege zu Christus».(Vorentwürfe von Prof. Solms zu einer Arbeit über Psychoanalyse, Anthroposophie und die Frage des Gewissens; zur Zeit wird daran gearbeitet, dieses Werk aus dem Nachlaß zu publizieren.)

Steiner, Rudolf: Gesamtausgabe (= GA). Rudolf Steiner Verlag, Dornach.

GA 21 *Von Seelenrätseln.* [5]1983.

GA 27 *Grundlegendes für eine Erweiterung der Heilkunst.* VI. Kapitel. [7]1991.

GA 118 *Das Ereignis der Christus-Erscheinung in der ätherischen Welt.* Vortrag vom 30. Januar 1910. [3]1984.

GA 128 *Eine okkulte Physiologie.* Vortrag vom 22. März 1911. [5]1991.

GA 143 *Erfahrungen des Übersinnlichen. Die drei Wege der Seele zu Christus.* Vortrag vom 16. April 1912. [4]1994.

GA 154 *Wie erwirbt man sich Verständnis für die geistige Welt?* Vortrag vom 18. April 1914. [2]1985.

GA 158 *Der Zusammenhang des Menschen mit der elementarischen Welt.* Vorträge vom 21. und 24. November 1914. [4]1993.

GA 168 *Die Verbindung zwischen Lebenden und Toten.* Vortrag vom 10. Oktober 1916. [4]1995.

GA 171 *Innere Entwicklungsimpulse der Menschheit.* Vortrag vom 30. September 1916. [2]1984.

GA 190 *Vergangenheits- und Zukunftsimpulse im sozialen Geschehen.* Vorträge vom 23. März und 5. April 1919. [3]1980.

GA 196 *Geistige und soziale Wandlungen in der Menschheitsentwicklung.* Vortrag vom 9. August 1919. [2]1992.

GA 200 *Die neue Geistigkeit und das Christus-Erlebnis des zwanzigsten Jahrhunderts.* Vortrag vom 31. Oktober 1920. [3]1980.

GA 257 *Anthroposophische Gemeinschaftsbildung.* Vortrag vom 31. Oktober 1920. [4]1989.

GA 272 Band I: *Faust, der strebende Mensch.* Vortrag vom 11. September 1916.

GA 293 *Allgemeine Menschenkunde als Grundlage der Pädagogik.* Vortrag vom 21. August 1919. [9]1992.

GA 301 *Die Erneuerung der pädagogisch-didaktischen Kunst durch Geisteswissenschaft.* Vortrag vom 22. April 1920. [4]1991.

GA 302a *Erziehung und Unterricht aus Menschenerkenntnis.* Vortrag vom 22. September 1920. [4]1993.

Wember, Valentin: «Erkenntnistheorie und Geheimwissenschaft», in: *Tycho de Brahe Jahrbuch für Goetheanismus* 1986.

Zeylmans van Enmichoven, Willem: *Der Grundstein.* Deutsche Fassung unter Mitarbeit von M. J. Krück von Poturzyn, Stuttgart [6]1990.

Über die Autoren

Dr. med. Ernst Dieter Beck, 1936 in Haifa geboren. Studium der Medizin in Tübingen und Berlin (Freie Universität). Studium der Mathematik und Physik in Tübingen und München. Diplom-Physiker. Umfangreiche Weiterbildung in der somatischen Medizin. Drei Jahre als Assistenzarzt in der Friedrich-Husemann-Klinik; Zusammenarbeit mit Dr. R. Treichler, Dr. W. Priever und Dr. M. Wolman. Facharzt für Neurologie und Psychiatrie. Fünf Jahre an der Filderklinik, Abteilung für künstlerische Therapie und psychosomatische Medizin (Dr. P. von der Heide); Weiterbildung in Psychotherapie. Seit 1988 leitender Arzt an der Friedrich-Husemann-Klinik Buchenbach.

Dr. phil. Henriette Dekkers, 1941 in Bandoeng (Niederländisch Indonesien) geboren. Jurastudium, Arbeit beim Justizministerium und den niederländischen Gefängnissen im Rahmen der Resozialisierungsgesetzgebung. Später Studium der Psychologie. Wissenschaftliche Forschung zu Psychosen und Borderline-Störungen. Danach berufliche Tätigkeit in einer Tagesklinik für anthroposophische Psychiatrie sowie an einem anthroposophischen Therapeutikum. Zusammen mit dem Psychotherapeuten Ad Dekkers menschenkundliche Forschungen und Therapien zu Störungen in der psychischen und biographischen Entwicklung. Klinische Psychologin in Bilthoven und Haarlem.

Ursula Sophia Langerhorst, geboren in Utrecht; Waldorfschule in Den Haag; Ausbildung und Tätigkeit als Ergo-Therapeutin. Eurythmie- und Heileurythmieausbildung in Wien bei Friedl Meangya und Trude Thetter. Danach freie Praxis und Waldorfschule Amsterdam. Ausbildung in künstlerischer Therapie bei Dr. Margarethe Hauschka. Tätigkeit mit autistischen Kindern mit Dr. H. u. S. Müller-Wiedemann; im Krankenhaus Herdecke: Neurologie, Kinderpsychiatrie und psychosomatische Station (Schwerpunkt Anorexie-Behandlung). Seit acht Jahren in der Friedrich-Husemann-Klinik tätig.